Vereinigung für Jugendgerichte und Jugendgerichtshilfen
Heft 5

Verhandlungen

des

6. Deutschen Jugendgerichtstages

Heidelberg

17.—19. September 1924

Berlin 1925
Verlag von Julius Springer

ISBN-13: 978-3-642-98928-5
e-ISBN-13: 978-3-642-99743-3
DOI: 10.1007/978-3-642-99743-3

Softcover reprint of the hardcover 1st edition 1925

Vorwort.

Zu gemeinsamen Tagungen hatten die Vereinigung für Jugendgerichte und Jugendgerichtshilfen und der Deutsche Verein zur Fürsorge für jugendliche Psychopathen für den 17. bis 19. September 1924 nach dem schönen Heidelberg eingeladen. An den beiden Tagen vorher hielt der Allgemeine Fürsorgeerziehungstag seine diesmalige Tagung ab. Überraschend stark war der Besuch aus ganz Deutschland; aus Ostpreußen und Danzig kamen die Teilnehmer, auch Deutsch-Österreich, die Schweiz und die Tschechoslowakei hatten Vertreter entsandt. Die Besprechung einer Fülle von Fragen drängte sich in die wenigen Tage zusammen; die Ausführungen verdienen es wohl, daß man sie jetzt noch in Ruhe durcharbeitet, damit die zahlreichen wertvollen Anregungen für den Ausbau der Arbeit verwertet werden können.

Inhaltsverzeichnis.

Jugendgerichtstag 17. September 1924.

Der Vorsitzende, Direktor Dr. *Hertz*-Hamburg, eröffnet die Versammlung und begrüßt die Erschienenen. Zahlreiche Reichs- und Staatsbehörden, Städte und Organisationen haben Vertreter entsandt, für deren Erscheinen und Begrüßungsworte zu Beginn der Tagung des Allgemeinen Fürsorgeerziehungstages bereits besonderer Dank gesagt wurde. Herzlicher Dank gebührt der Stadt Heidelberg, besonders den Leitern des Jugendamtes und des Verkehrsamtes, die in so vorbildlicher Weise die Vorbereitungen für diese umfangreiche Tagung geleistet haben.

Der 6. Deutsche Jugendgerichtstag ist einberufen worden von der Vereinigung für Jugendgerichte und Jugendgerichtshilfen, die sich nach Auflösung der Deutschen Zentrale für Jugendfürsorge aus deren Ausschuß für JG. und JGH. gebildet hat. Die Vereinigung ist ein loser Zusammenschluß von Einzelpersonen, deren berufliche Arbeit in enger Verbindung mit der des Jugendgerichts und der Jugendgerichtshilfe steht. Sie hat sich zum Ziel gesetzt, zu einem Mittelpunkt für die Jugendgerichtsarbeit zu werden, ihre Entwicklung zu fördern und an der Lösung ihrer Probleme führend mitzuwirken.

Die früheren Jugendgerichtstage galten der Forderung eines Jugendgerichtsgesetzes und der Besprechung seines Inhalts. Auf der letzten Tagung in Jena 1920 lag bereits der Entwurf eines Gesetzes vor. Den Vorsitz in Jena führte in seiner gewohnten, vornehmen Art der langjährige Vorsitzende und Förderer der Deutschen Zentrale für Jugendfürsorge, Staatssekretär a. D. Dr. *Lisco.* Die Seele der Tagung war Ministerialrat Dr. *Friedeberg,* der mit seiner warmen Menschenliebe, verbunden mit einer bis in die letzten Lebenstage unermüdlichen Arbeitskraft die Aufgaben der Jugendgerichtsarbeit in jahrzehntelanger Tätigkeit sichtbar gefördert und vertieft hat. Beide Männer sind nicht mehr; ihr Einfluß aber bleibt. Die Vereinigung wird ihnen gleich den anderen dahingegangenen Führern der Bewegung, *Koehne* und *Frieda Duensing*, ein dankbares Gedenken bewahren.

Die heutige Tagung soll Antwort geben auf die Fragen: Wie hat sich das Jugendgerichtsgesetz bewährt? Ist es möglich, mit seinen Bestimmungen zu arbeiten? Sind neue Forderungen zu erheben? So erklärt sich die Wahl eines ganz allgemein gehaltenen Themas für die

Berichte und Besprechungen des ersten Tages. Daneben fordert eine Einzelfrage, die zugleich den Jugendschutz und die Sicherung der Strafrechtspflege angeht, die besondere Aufmerksamkeit: Das Problem der Zeugenaussagen von Kindern und Jugendlichen bedarf der Klärung und soll daher am zweiten Tage behandelt werden.

Der Vorsitzende bringt die folgenden Punkte zur Verlesung und schlägt vor, sie zur Grundlage der Aussprache zu machen. Der Vorschlag wird angenommen.

1. Allgemeines. Vorteile gegen früher. Grundsätzliche Mängel.
2. Die Einstellung des Verfahrens.
   Wird häufig von ihr Gebrauch gemacht?
   Aus welchen Gründen?
   Die bedingte Strafverfolgung.
3. Ersatz der Untersuchungshaft. Maßnahmen nach § 8 JGG.
4. Das Absehen von Strafe.
   Wie oft? Aus welchen Gründen? Hat sich die Bestimmung des Gesetzes bewährt?
5. § 3 JGG.
6. Die Anwendung der verschiedenen Erziehungsmittel und ihre Ausführung. FE. im Urteil.
7. Die Verbindung von Jugendsachen mit denen von Erwachsenen.
8. Die Behandlung der vom JGG. nicht erfaßten Minderjährigen.
   Die 18—21 jährigen; Notwendigkeit ihrer Einbeziehung in die Wirksamkeit des Jugendrichters.
   Wird für die Strafunmündigen genügend gesorgt?
9. Die Strafen. Strafaussetzung. Jugendrichter und Strafvollzug.
10. Zusammenarbeit zwischen Jugendgericht, Jugendamt, freien Vereinen und einzelnen Helfern.

Es wird vorgeschlagen, die anwesenden Vorstandsmitglieder der Vereinigung mit der Leitung der Tagung zu betrauen, jedoch in diesen Tagungsvorstand ferner zu wählen: Justizminister *Trunks*-Karlsruhe, *A. G. R. Allmenroeder*-Frankfurt a. M., Reg.-Rat Dr. *Becker*-Berlin, Oberreg.-Rat Dr. *Marie Baum*-Karlsruhe, Oberreg.-Rat Dr. *Umhauer*-Karlsruhe, *A. G. R. Junker*-Heidelberg, Dr. *Anna Mayer*-Berlin, Dr. *Ammann*-Heidelberg . . . Diese Vorschläge werden angenommen. Der Vorsitzende teilt noch mit, daß über die Verhandlungen ein Bericht in gekürzter Form erscheinen wird.

I. Tag: Mittwoch, den 17. September 1924.

Die praktische Handhabung des deutschen Jugendgerichtsgesetzes.

I. Referat.

Von

Oberamtsrichter **Müller,**

Vorsitzendem des Jugendgerichts Hamburg.

Meine Ausführungen fußen zur Hauptsache auf Hamburger Verhältnissen und ihrer Verarbeitung in wiederholten Besprechungen der Hamburger Jugendrichter und -staatsanwälte; andere Jugendgerichte werden andere Praxis, andere Erfahrungen, andere innere Einstellung haben, daher anders über das J.G.G. urteilen. Ich will die zur Erörterung gestellten Punkte zur Hauptsache in der Reihenfolge erörtern, in der sie sich dem Richter darbieten, der einen bestimmten Fall behandelt und will die Bemerkungen allgemeiner Natur an den Schluß stellen.

I. 1. Da § 2 das Strafunmündigkeitsalter um 2 Jahre verlängert hat, entstand die Gefahr, daß diese beiden Jahresgruppen aus der behördlichen Aufmerksamkeit herausfielen. In Hamburg teilten vor dem Inkrafttreten des J.G.G. Polizeibehörde, Staatsanwaltschaft und Jugendgericht der Behörde für öffentliche Jugendfürsorge Straftaten Strafunmündiger mit, auch die Schule stand in Verbindung mit der öffentlichen Jugendfürsorge, und es bedurfte daher nach dem Inkrafttreten des Gesetzes nur einer Verlängerung dieser Linien in das 13. und 14. Lebensjahr hinein. Im übrigen halte ich es nicht für erforderlich, daß jede Jugenddummheit und -tollheit unter die amtliche Lupe und Schere genommen wird, und tatsächlich erfahren ja die Behörden nur das wenigste.

2. Über den § 3, der von anderer Seite eingehender besprochen wird, nur einige Sätze. In dem ersten Jahre der Geltung des J.G.G. sind in Hamburg rund 150 Fälle unter rund 2600 aus §§ 3, 32 Abs. 1 J.G.G. mangels Einsicht oder — dies vor allem! — Willensreife eingestellt worden. Der *Freisprüche* aus § 3 sind verschwindend wenige.

Daß neben der geistigen Entwicklung die sittliche, neben der Einsicht die Willensreife als Voraussetzung der Verantwortlichkeit eingeführt worden ist, entspricht ja einer langjährigen Forderung. Insofern das Gesetz auf die geistige und sittliche *Entwicklung* des Jugendlichen abstellt, scheint es zu sagen, daß ursprüngliche, auf die Dauer angelegte, daher von dem jeweiligen Lebensalter im Kerne unabhängige Wesensrichtungen keine Entschuldigungen im Sinne des § 3 sind. Die *sittliche* Entwicklung hat meines Erachtens im Jugendgerichtsgesetz auch für die Frage der *Einsicht* eine ebenso große Bedeutung wie die *geistige* Entwicklung, denn das bloß verstandesmäßige Wissen oder Wissenkönnen bietet keine Gewähr dafür, daß die Einsicht bis auf den Grund des Menschen greift, von wo aus er bewegt wird. Keineswegs ist Mangel an Einsicht oder an Willensreife stets oder meistens gleichbedeutend mit Anomalität.

Daß, wie Hellwig in seinen Ausführungen zu § 3 J.G.G. meint, zur Vermeidung schematischer Entscheidungen *jedesmal* im Urteil zu begründen sei, warum Einsicht und Willensreife angenommen werden, halte ich nicht für nötig. In vielen einfach liegenden Fällen würde die Begründung schematisch werden. In anderen Fällen halte auch ich eine Begründung für wünschenswert. Nur muß man sich darüber klar sein, daß gerade in den schwierigeren Fällen das eigene Können und Wissen des Jugendrichters, verbunden mit reichhaltiger Kenntnis über das Vorleben des Jugendlichen, unterstützt durch psychologische und psychiatrische Sachkenner, erweitert und vertieft durch die Darlegungen in Hoffmanns „Reifezeit" und Sprangers „Jugendpsychologie", manchesmal doch nur zu dem Ergebnis führt: „Du siehst die Weste, nicht das Herz", und daß gerade in schwierigeren Fällen oft der letzte Grund, aus dem der Jugendrichter die Voraussetzungen des § 3 bejaht oder verneint, bewußt nicht faßbar ist, sondern der Jugendrichter sich und anderen nur Indizien für seine Überzeugung mitteilen kann.

Um die Frage des § 3 beantworten zu können, muß der Jugendrichter möglichst in allen Fällen den Jugendlichen schon im Vorverfahren hören und vor der Vernehmung die Berichte der Schule und des Jugendamts kennen, nicht selten auch schon im Vorverfahren mit den Eltern sprechen, die freilich nicht immer es für nötig halten, solcher Einladung zu folgen. Die besondere Ungunst der Lage, daß nämlich der Jugendrichter den Jugendlichen nicht in seiner gewöhnlichen Umgebung und unter deren Einflüssen, nicht im natürlichen Fluß des täglichen Geschehens sieht, sondern nur verhältnismäßig kurze Zeit und zum Teil sozusagen unter Experimentsbedingungen, ist freilich nicht ganz auszuschalten und macht sich vor allem bei der Beurteilung der sittlichen Reife und der Willensreife bemerkbar. Diese Schwierigkeit folgt aus der erzieherisch heiklen Grundtatsache, daß der Jugendrichter wegen eines abgesonderten Vorkommnisses mit einem Jugendlichen, mit dem er sonst nichts zu tun hat, sich in gesetzlich gegebener Art und Richtung befassen muß.

3. A. Daß § 32 Abs. 2 die Möglichkeit gibt, schon im Vorverfahren das Strafverfahren gegen einen schuldigen und nach § 3 verantwortlichen Jugendlichen abzuschließen, scheint den Hamburger Jugendrichtern ein sehr großer Gewinn, der durch die Übernahme des Grundgedankens in den § 153 der jetzigen Str.Pr.O. noch vergrößert worden ist. Neben diesem Paragraphen besteht § 32 Abs. 2 J.G.G. meines Erachtens als eine Bestimmung, die auf ihren besonderen Erwägungen beruht und einen eigenen Inhalt hat, weiter. Die Frage, ob von § 32 Abs. 2 im einzelnen Fall Gebrauch zu machen ist, nötigt, Tat und Täter genau zu betrachten. Ob es Straftaten gibt, die unter allen Umständen die Anwendung des § 32 Abs. 2 verbieten, ist schwer zu beantworten, obwohl z. B. ein Mord ein so schwerer Rechtsbruch zu sein und eine so bedenkliche innere Verfassung des Täters zu verraten scheint, daß ohne Straffestsetzung nicht auszukommen ist. Doch mag es sich hier um so seltene Fälle handeln, daß ihre Erörterung unfruchtbar ist. *Das* aber muß mit Bestimmtheit gesagt werden: die Stufenfolge der Straftaten nach dem Strafgesetzbuch enthält ohne weiteres und unbesehen keinen Fingerzeig, in welchem Grade Zurückhaltung in der Anwendung des § 32 Abs. 2 geboten ist. Die Werttafeln des Str.G.B. sind aus den Vorstellungen von Erwachsenen hervorgegangen, die zumeist einer gehobenen und gesicherten Volksschicht entstammen und von denen viele zudem Juristen waren — was alles auf die Jugendlichen meistens nicht oder gar nicht zutrifft. Daher kann ein Verbrechen — im technischen Sinne genommen — mehr Ausdruck der Hilflosigkeit oder der mangelnden Lebenskenntnis des Jugendlichen sein, als ein Beweis seiner Verwahrlosung oder Gefährlichkeit. Der Jugendliche füllt dann gleichsam diesen Rahmen noch nicht aus und erscheint als Esel in einer Löwenhaut. Und umgekehrt können bestimmte Handlungen, die das Str.G.B. Vergehen oder Übertretung nennt, von einem Jugendlichen begangen, verwerflicher oder bedenklicher sein als Handlungen, die das Str.G.B. als Verbrechen bezeichnet und mit schwerer Strafe bedroht. Gewiß ist der objektive Gehalt einer Straftat (nach den Vorstellungen, die dem Str.G.B. zugrunde liegen) auch im Sinne des § 32 Abs. 2 nicht gleichgültig, aber die allgemeine Beschaffenheit des Jugendalters muß hier sehr ins Gewicht fallen. Dazu kommt dann die besondere Gestalt der einzelnen Tat und des betreffenden jungen Menschen. Beweggrund und Ziel der Tat, die Art ihrer Durchführung, der angerichtete Schaden materieller oder anderer Art, das Verhalten des Jugendlichen gegenüber der geschehenen Tat und ihren Folgen sind zu beachten, und diese Umstände können, wenn nicht die Bestrafung, so doch die Durchführung der Hauptverhandlung verlangen, um durch ihren Ernst dem Jugendlichen und nicht selten auch seinen Eltern die Tragweite seines Tuns vor Augen zu führen, ihm und ihnen die sozialen Zusammenhänge, in

welche die Tat störend eingegriffen hat, klarzumachen. Sind doch die Unkenntnis dieser Zusammenhänge oder die Unfähigkeit, sie aus eigener Kraft in genügender Weite und Tiefe in sich zu erleben, oft genug ein Grund, aus dem auch normale und gutartige Jugendliche sehr bedenkliche und rücksichtslose Straftaten begehen. Es kann erzieherisch sehr viel verdorben werden, wenn ein oberflächlicher oder gleichgültiger oder böswilliger Jugendlicher oder einer, dessen Eltern uneinsichtig, zu weich, gegen den Staat und seine Organe verbittert sind, wegen einer an sich vielleicht geringfügigen Straftat ohne Anklage und Erziehungsmaßregeln davonkommt oder die Erziehungsmaßregel den Jugendlichen innerlich nicht faßt, sei sie zu hart, sei sie zu milde, oder gehe sie ganz an seinem Wesen vorbei. Ich bin nicht der Meinung, daß jede Straftat eines Jugendlichen, die äußerlich schlimm aussieht, z. B. ein Diebstahl, eine von Grund aus bedenkliche und falsche Lebensrichtung verrät und gründliche Umstellung, eine Beeinflussung des Umganges, der freien Zeit u. dgl. m. verlangt. Manche Straftat ist durch Nichtbeachtung am richtigsten zu erledigen. Aber jede Straftat muß allerdings daraufhin geprüft werden, ob sie ein Anzeichen einer ernsten inneren Mißbeschaffenheit des Jugendlichen oder seiner Umwelt sei.

Zusammenfassend läßt sich sagen, daß § 32 Abs. 2 in Hamburg angewandt worden ist, wenn die Beschaffenheit der Tat und des Täters, sowie die auf diesen einwirkenden Einflüsse es mit Rücksicht auf die Allgemeinheit sowohl wie auf den Jugendlichen als geboten, zum mindesten unschädlich, erscheinen ließen, keine Strafe festzusetzen und das Strafverfahren nicht bis zur Anklage zu führen. Wann diese Voraussetzungen im einzelnen Fall gegeben sind, läßt sich nicht in allgemeine Formeln fassen. Die Rücksicht auf die Allgemeinheit und die auf den Jugendlichen stimmen oft genug ebensowenig zusammen, wie in vielen Fällen Liebe und Gerechtigkeit, staatliche Strafe und Erziehung einander widersprechen, und es geht daher oft genug nicht ohne einen Schnitt in lebendiges Fleisch ab (das das des Jugendlichen nicht sein muß, aber sein kann).

a) Nach § 32 Abs. 2 Satz 1 ist in Hamburg im ersten Jahre des Jugendgerichtsgesetzes gegenüber rund 200 Beschuldigten von rund 2600 verfahren worden, nach § 32 Abs. 2 Satz 2 (Einstellung durch Gerichtsbeschluß *nach* Anklage) nur in sehr wenigen Fällen. (Zu den Zahlen ist zu bemerken, daß insgesamt rund 3050 Beschuldigte an das Jugendgericht gekommen sind, hiervon aber 490 ausgeschaltet werden müssen, weil es sich insoweit um Disziplinarverfehlungen von Fortbildungsschülern handelt, die durch ein Versehen der hamburgischen Gesetzgebung als Vergehen zu behandeln waren, statt, wie vorher und jetzt wieder, als Übertretungen, die durch polizeiliche Strafverfügungen erledigt würden.) Unter den genannten 200 Fällen wiederum sind gut 120, in denen Erziehungsmaßregeln angeordnet worden sind, meistens Geldbußen, im übrigen Verwarnungen, selten Schutzaufsicht oder Fürsorgeerziehung.

b) Die Hamburger Jugendrichter haben hierbei ein Verfahren ausgebildet, dessen juristische Grundlage angefochten werden kann, das sich aber als sehr zweckmäßig aufgedrängt hat. Es handelt sich um folgendes: Der Jugendrichter legte *als solcher* nach Zustimmung der Staatsanwaltschaft dem glaubhaft geständigen Jugendlichen, möglichst im Einverständnis mit ihm und seinen Eltern, durch Beschluß auf, binnen einer Frist, die drei Monate nicht überschritt, Schadensersatz zu leisten oder eine Geldbuße zu zahlen, und stellte in Aussicht, daß nach Erfüllung dieser Pflicht von Anklage abgesehen werde. Anlaß zu diesem Vorgehen gab im einzelnen Fall die Überlegung, daß Anklageerhebung unerwünscht und Schadensersatz oder Geldbuße das wirksamste Erziehungsmittel sei, daß nach der inneren Einstellung und der wirtschaftlichen Lage des Jugendlichen die Zahlung der Buße zwar zu erwarten, daß aber der Druck, der in der Aussicht auf die Anklage liege, aus gebotener, erzieherischer Vorsicht nicht auszuschalten sei und daß die gesetzliche Möglichkeit, sofort einzustellen und bei Nichtzahlung der Buße das Verfahren wieder aufzunehmen, zudem durch dies Hin und Her umständlich, auch dem Jugendlichen und seinen Eltern schwerer verständlich sei.

Dieses Verfahren hat nur in wenigen Fällen so versagt, daß nach fruchtlosem Fristverlauf angeklagt und durchverhandelt werden mußte. Soweit nicht Geldbuße, sondern Verwarnung in Betracht kommt, hat Hellwig in seinem Kommentar und hat das Jugendgericht Stuttgart in Nr. 4 des 16. Jahrganges des Zentralblattes für Jugendrecht und Jugendwohlfahrt von 1924 sich auf den Standpunkt gestellt, daß, obwohl der Jugendrichter im Vorverfahren keine endgültigen Erziehungsmaßregeln anordnen könne, doch eine von ihm im Vorverfahren erteilte Verwarnung als Erziehungsmaßregel im Sinne des § 32 Abs. 2 angesehen werden könne. *Als Vormundschaftsrichter* wird der Jugendrichter Verwarnung, Schadensersatz oder Geldbuße nur für den Fall des § 1631 Abs. 2 Satz 2 B.G.B., also auf Antrag des Erziehungsberechtigten, festsetzen können, und dieser Antrag ist nicht immer zu erreichen, oder es fehlt dem Jugendrichter im einzelnen Fall die örtliche vormundschaftsrichterliche Zuständigkeit. Unterbringung, Schutzaufsicht oder Fürsorgeerziehung haben die Hamburger Jugendrichter als solche im Rahmen dieses Verfahrens nicht angeordnet und wollen es auch in Zukunft nicht tun, da es ihnen nur auf leichtere Fälle zu passen scheint.

Das Verfahren führt zu einer Art bedingter Strafverfolgung. Diese liegt aber im Sinne des § 32 Abs. 2, denn wenn das Strafverfahren mit

Rücksicht auf eine vom Vormundschaftsrichter angeordnete Erziehungsmaßregel ohne Anklage abgeschlossen werden kann, so muß sinngemäß mit diesem Abschlusse auch gewartet werden können, bis ein vom Vormundschaftsrichter in Richtung auf eine Erziehungsmaßregel eingeleitetes Verfahren durchgeführt ist. Zumal wenn Jugendrichter und Vormundschaftsrichter dieselbe Person sind, wäre es unsinnig, daß jener unbeachtet lassen müßte, was dieser tut und plant. Die Jugendlichen und ihre Eltern haben sich bisher in keinem Fall über dieses Verfahren beschwert, vielmehr häufig sich einsichtig und dankbar gezeigt.

Im übrigen will ich die Frage der bedingten Strafverfolgung nicht aufrollen. Die Hamburger Jugendrichter wünschen lediglich, es möge der Jugendrichter gesetzlich unzweideutig befugt werden, zur Vorbereitung einer Entscheidung aus § 32 Abs. 2 schon im Vorverfahren die Erziehungsmaßregeln des § 7 Nr. 1—3 festzusetzen, die der Vormundschaftsrichter von sich aus nicht anordnen kann. Grundlage solchen Vorgehens hätten das glaubhafte Geständnis des Jugendlichen und Abwicklung der Erziehungsmaßregeln während kurzer Frist, etwa 3 Monate nach Anordnung, zu sein.

B. Nach Erhebung der Anklage und Durchführung der Hauptverhandlung ist im Urteil gegenüber etwa 220 Angeklagten unter insgesamt gut 2100 von Strafe abgesehen worden, und über 126 von den 220 sind Erziehungsmaßregeln angeordnet worden. Unter diesen 220 sind etliche, die richtigerweise von vornherein nicht hätten angeklagt werden sollen; andere, hinsichtlich deren erst die Hauptverhandlung Umstände ergeben hat, die Straflosigkeit rechtfertigten; einige wenige, in denen der Jugendrichter überstimmt worden ist; schließlich eine größere Anzahl, in denen Jugendrichter und -staatsanwalt absichtlich und mit dem Ziel der Straflosigkeit die Sache zur Hauptverhandlung gebracht haben, um durch deren Eindruck den oberflächlichen, gleichgültigen, störrischen Angeklagten — oder seine Eltern — aufzurütteln. Hier war also von vornherein die Meinung über den Jugendlichen ungünstiger als in den Fällen, in denen von Anklage abgesehen wurde. Es wurde im Urteil aus denselben Gründen von Strafe abgesehen, die ich als Gründe des Absehens von Anklage angeführt habe. Vielleicht kamen die Rücksicht auf die wirtschaftlichen Verhältnisse der Eltern, das Mitleid mit ihnen im Urteil häufiger zur Geltung als im Vorverfahren. Im ganzen besteht der Eindruck (der der dargelegten Sachlage entspricht), daß ein *Urteil* auf Straflosigkeit häufiger als ein *Beschluß aus § 32 Abs. 2* J.G.G. sich als Fehlgriff erwiesen hat. Doch scheinen bisher auch in den Fällen der urteilsmäßigen Straflosigkeit die Erfahrungen überwiegend günstig. Eine abschließende Feststellung, welche Bedeutung den Möglichkeiten der §§ 32 Abs. 2; 6; 9 Abs. 4 im ganzen und im Verhältnis zueinander zukommt, vor allen Dingen, wie häufig Rückfälle sind, wird sich erst nach Verlauf einiger Jahre geben lassen.

4. Zu den einzelnen Erziehungsmaßregeln des § 7 des J.G.G. ist folgendes zu sagen:

a) Die Verwarnung als *einmalige förmliche* Erziehungsmaßregel ist im Laufe der Zeit zurückgetreten. Daß ein Strafverfahren ohne eine in seinem Verlaufe oder am Schlusse dem Jugendlichen gegebene Verwarnung, Warnung oder Belehrung endet, wird freilich kaum vorkommen, denn eine andere Handhabung würde leicht wie eine Billigung der Tat wirken, und das wäre wohl stets bedenklich. Der Jugendliche soll aus den Erörterungen des Verfahrens mindestens entnehmen, daß er etwas rechtlich Unzulässiges getan hat, und warum das Recht ein solches Verhalten untersagt und bestraft. Gerade wenn Einsicht oder Willensreife fehlen, sind solche Erörterungen erforderlich, damit, soweit Worte das erreichen können, der Jugendliche klüger und, wenn möglich, gefestigter aus dem Verfahren geht, als er hereintrat. Etwas anderes aber ist die ausdrückliche urteilsmäßige Festsetzung der gesetzlichen Erziehungsmaßregel „Verwarnung", gewissermaßen als Krönung des Verfahrens. Sie ist meistens unnötig und dient zuweilen als ein formelles Auskunftsmittel, um auch gegenüber einem Verbrechen Straflosigkeit aussprechen zu können. Ob es richtig ist, daß der § 9 Abs. 4 J.G.G. Verbrechen nicht einbezogen hat, ist eine schwierige Frage. Gegen die Einbeziehung spricht die Erwägung, daß eine solche gesetzliche Abschwächung des Verbrechensbegriffes einen ungünstigen Eindruck auf die Allgemeinheit, sowie auf die Auffassung und Widerstandskraft der Jugend haben werde. Für die Einbeziehung spricht die bereits angedeutete Überlegung, daß die Teilung Vergehen — Verbrechen so, wie sie positiv gesetzlich gestaltet ist, in vielen Fällen gar keine Beziehung zu der regelmäßigen Urteilsfähigkeit, Lebenseinstellung und -erfahrung und Entschlußbildung junger Menschen hat, und daß gerade ihnen gegenüber das soziale oder staatliche Gewicht, das sich in der Behandlung bestimmter Taten als Verbrechen ausdrückt, ohne Schaden verringert werden könnte, zumal ja eben nur die Notwendigkeit der Verwarnung als gesetzlicher Riegel vor die Straflosigkeit geschoben ist. Daß der objektive Wert des verletzten Rechtsgutes nun gegenüber Jugendlichen gar nicht berücksichtigt werden sollte, will ich aber durchaus nicht gesagt haben.

Darüber, daß die bisherige, Verweis genannte *Kriminalstrafe* der Verwarnung fortgefallen ist, herrscht, soweit ich sehe, nur eine Stimme der Befriedigung, so daß dazu weiteres nicht zu sagen ist.

b) Die Überweisung in die Zucht der Erziehungsberechtigten oder der Schule ist nur in verschwindend wenigen Fällen angeordnet worden. Das hat seinen Grund zur Hauptsache darin, daß der Jugendliche sich fast immer schon in dieser Zucht befunden hat, und diese Erziehungsmaßregel hat daher nur dann Sinn, wenn zwischen Jugendrichter und Erzieher völlige Übereinstimmung besteht, daß und inwiefern die bisherige Erziehung umzugestalten ist, und wenn die Erwartung gerechtfertigt ist, daß der Plan mit Ernst durchgeführt werde, aber auch mit Überlegung, damit er später nicht unter völlig veränderten Sach- oder Seelenverhalten aufrechterhalten werde.

c) § 7 Nr. 3, die Auferlegung besonderer Verpflichtungen, ist in Hamburg recht häufig angewandt worden, und er hat für die Jugendrichter deshalb besonderen Wert, weil der Richter hier am meisten eigene und nicht selten über längere Zeit sich erstreckende erzieherische Tätigkeit ausüben kann, während er sonst auf die Anordnung der Erziehungsmaßregel sich beschränken muß und die Ausführung nicht in der Hand hat. Die vielen Möglichkeiten, die der § 7 Nr. 3 gewährt, sind Ihnen aus eigener Praxis und aus dem Schrifttum bekannt. Ich will daher nur einzelnes aus der Hamburger Praxis herausgreifen. Geldbußen sind nur in den wenigsten Fällen der Justizkasse zugeführt worden, häufiger dem Jugendamt, oft gemeinnützigen Vereinen und Veranstaltungen. Hierbei haben wir versucht, möglichst einen Zahlungsempfänger zu wählen, dessen Zweckrichtung einen inneren Zusammenhang mit der Beschaffenheit der Tat oder des Täters zeigte, und diesen Zusammenhang ließ der Richter den Jugendlichen möglichst selbst finden, andernfalls wurde er dem Jugendlichen erklärt. So hatte ein Jüngling, der im öffentlichen Stadtpark Vogelnester ausgenommen hatte, eine Buße an den Tierschutzverein zu zahlen; ein musikalischer Jugendlicher, der Orgelbauerlehrling war und gestohlen hatte, eine Buße an die gemeinnützige Musikalienbücherei. Die Bußen sind in der Regel willig geleistet worden. Schwierigkeiten entstanden öfter nur dadurch, daß die Jugendlichen den ihnen auferlegten *Nachweis* der Zahlung dem Jugendgericht nicht brachten. Daran war aber meist nicht böser Wille, sondern Vergeßlichkeit und Schwerfälligkeit schuld. Schadensersatzleistungen haben ihre erziehliche Wirkung nicht nur in der Leistung selbst, sondern schon darin, daß der Jugendliche gezwungen ist, mit dem Geschädigten zu verhandeln und sich zu verständigen, und daß er auf diese Weise die wirtschaftlichen Zusammenhänge kennen und die unangenehmen Folgen seiner Tat auf sich zu nehmen lernt. Wichtig ist, daß die Geldverpflichtungen dem Jugendlichen nicht zu sehr und nicht auf zu lange Zeit seinen Verdienst schmälern, sonst verliert er die Lust an der Arbeit, und die Entsagung, die ihm mit Recht und mit seiner inneren Zustimmung auferlegt wird, übersteigt auf die Länge der Zeit seine seelische Tragkraft. Die Eltern sollen durch die Buße möglichst nicht getroffen werden. Zuweilen, z. B. wenn sie moralisch mitschuldig sind, ist es von Nutzen, wenn auch sie die Folgen der Tat spüren. (Eine gegen den Jugendlichen vollstreckte Freiheitsstrafe trifft oft die Eltern auch wirtschaftlich.)

Der Umstand, daß Hamburger Jugendliche häufig zur See fahren, auf Flußschiffahrt sind oder Landarbeit annehmen, hat verschiedentlich zu der Auflage geführt, entweder dem Jugendrichter ab und an in möglichst bestimmten Zwischenräumen zu schreiben oder sich nach Rückkunft nach Hamburg bei ihm zur Aussprache zu melden. Auch diese Auflage, über eine längere Zeit erstreckt, gerät zuweilen in Vergessenheit, und das Schreiben macht manchen Jugendlichen großen Kummer, da sie der Feder ungewohnt sind oder sich nicht auszudrücken verstehen.

Im letzten Winter bestand in Hamburg auf Grund einer Vereinbarung mit dem Arbeitsamt die Gelegenheit, arbeitslose Jugendliche, die keine Erwerbslosenunterstützung bekamen, zu verpflichten, sich an den für jugendliche Unterstützungsempfänger eingerichteten gemeinnützigen Arbeitsleistungen zu beteiligen, und dieser Versuch hat sich recht gut bewährt.

Manche wünschenswerten Auflagen waren in Hamburg nicht am Platze, weil entweder die feineren und persönlichen Zusammenhänge oder die notwendige Aufsicht über die Innehaltung der Auflagen sich infolge der Größe und Unübersichtlichkeit der Stadt nicht herstellen ließen. Die weiten Entfernungen, die Einbuße an Arbeitsverdienst verhindern auch willige Jugendliche manchmal, die vorgeschriebene Meldepflicht einzuhalten, so daß gelegentlich Abendbesuche beim Richter sich als Ausweg ergaben.

Unter den gesetzlichen Erziehungsmaßregeln fehlt leider die ja schon in früheren Jahren erörterte und vorgeschlagene Möglichkeit, dem Jugendlichen Arrest aufzuerlegen, sei es Hausarrest, sei es ein Arrest, der etwa durch das Jugendamt auszuführen wäre. Ich halte einen solchen Besinnungsarrest für sehr wünschenswert und glaube, daß er, in der richtigen Umgebung vollzogen, auch dem Jugendlichen selbst nicht selten als eine innere Förderung erkennbar werden wird. Ihn nach § 7 Nr. 3 aufzuerlegen, scheint mir nicht zulässig, da es sich um einen Eingriff in die persönliche Freiheit handelt, den ohne gesetzliche Zulassung keine Behörde anordnen kann. Dagegen kann die Reichsregierung den Jugendarrest auf Grund § 7 Abs. 2 des J.G.G. durch Verordnung einführen. Über die näheren Voraussetzungen und die Ausgestaltung des Arrestes zu sprechen, gibt vielleicht die Aussprache Gelegenheit.

d) Schutzaufsicht hat das Jugendgericht Hamburg ziemlich häufig angeordnet. Sie stellt hier, früher unter der Bezeichnung Erziehungsaufsicht der Behörde für öffentliche Jugendfürsorge, eine seit Jahren bekannte Einrichtung dar und wird daher auch jetzt noch zumeist durch das Jugendamt ausgeübt, das sich dazu ein für allemal bereit erklärt hat. Die Jugendrichter wollen daneben in besonderen Fällen, die eine bestimmte Handhabung der Schutzaufsicht und einen dauernden Einfluß des Jugendrichters darauf erfordern, Einzelhelfer bestellen. Meines Wissens ist das bisher nicht geschehen, und es ist für den Jugendrichter ja sehr schwierig, neben der großen Organisation des Jugendamtes und ohne eigentlich darauf eingestellten Apparat Einzelhelfer zu finden. Angesichts der engen Beziehungen, die in Hamburg zwischen Jugendrichtern und Jugendamt bestehen, ist das Bedürfnis nach Einzelhelfern bisher nur in wenigen Fällen hervorgetreten. Auch nennt das Jugendamt dem Jugendgericht auf Wunsch den Namen der vom Jugendamt mit der Aufsicht betrauten Persönlichkeit, so daß der Jugendrichter sich mit dieser nötigenfalls in Verbindung setzen kann. Ob sich schließlich in Hamburg der Weg, einen besonderen Ausschuß für Schutzaufsicht zu schaffen (§ 11 R.J.W.G.), als der richtige erweisen wird, muß die Zukunft lehren. Auf dem Lande, in Klein- und Mittelstädten wird der Jugendrichter viel leichter in der Lage sein, die Schutzaufsicht persönlich in seine Hand zu nehmen, was mir dort wünschenswert scheint.

e) Fürsorgeerziehung hat das Jugendgericht Hamburg im Urteil in sehr seltenen Fällen angeordnet. In den wenigsten Fällen ist zur Zeit der Hauptverhandlung die Lage der Dinge so geklärt, um diese einschneidende Entscheidung zu rechtfertigen. Es wird sich im allgemeinen empfehlen, sie nur dann im Strafurteil festzusetzen, wenn ohnehin ein auf Fürsorgeerziehung gerichteter Antrag des Jugendamts vorliegt und die Umstände, auf die der Antrag gestützt wird, sich ohne Schwierigkeiten dartun lassen. Auf die grundsätzlichen Bedenken, die dagegen erhoben werden, daß im Strafverfahren Fürsorgeerziehung und überhaupt Erziehungsmaßregeln angeordnet werden, will ich am Schlusse eingehen.

In Hamburg ist die Sachlage deshalb besonders, weil hier die Vormundschaftssachen nicht dem Amtsgericht überwiesen sind, sondern auf Grund alter Entwicklung einer Verwaltungsbehörde, der Vormundschaftsbehörde, deren Vorsitzende erst seit 1915 Amtsrichter sein müssen, und die wichtige Entscheidungen in der Besetzung mit einem Vorsitzenden und 2 Laien-Beisitzern zu fällen hat, und weil, gleichfalls seit 1915, das mit dem Strafverfahren gegen Jugendliche betraute Schöffengericht berechtigt ist, sich als entscheidende Abteilung der Vormundschaftsbehörde zu konstituieren, falls im unmittelbaren Anschluß an eine Hauptverhandlung eine Beschlußfassung der Vormundschaftsbehörde, insbesondere über Anordnung der Zwangserziehung, erforderlich erscheint. Es waren demgemäß seit 1915 und sind noch jetzt die Hamburger Jugendrichter zugleich Vorsitzende der Vormundschaftsbehörde.

f) Die Unterbringung nach § 7 Nr. 4 hat das Jugendgericht Hamburg meines Wissens bisher nicht angeordnet. Die Unklarheiten über die Voraussetzungen der Unterbringung, über ihre Ausführung und über die Beschaffung der Kosten haben der Anwendung im Wege gestanden, und die Hamburger Jugendrichter haben lieber die Möglichkeiten gewählt, die B.G.B. und R.J.W.G. ihnen als Vormundschaftsrichtern geben. Auch die allgemeine wirtschaftliche Schwäche der meisten Eltern, die finanzielle Notlage des Staates und der Vereinigungen für Jugendwohlfahrt und Jugendfürsorge sind ein Hindernis der Anwendung des § 7 Nr. 4. Hier bleibt noch viel zu tun übrig.

5. § 8 J.G.G. ist in Hamburg wohl nur in der Form der vorläufigen Unterbringung praktisch geworden, und nur, soweit nicht die vorläufige Fürsorgeerziehung als vormundschaftsrichterliche Maßnahme gegeben schien. Die vorläufige Unterbringung ist wohl fast nur als Unterbringung in der Jugendabteilung des Obdachlosenasyls angeordnet worden, die von den erwachsenen Obdachlosen getrennt ist, Tag und Nacht unter Aufsicht eines Jugendamtspflegers steht und mit dem Arbeitsamt eng verbunden ist.

Diese vorläufige Unterbringung im Obdachlosenasyl ist sowohl selbständig wie in Verbindung mit einer Anordnung aus § 28 Abs. 1 J.G.G. über Nichtvollziehung der Untersuchungshaft angeordnet worden. Der § 28 Abs. 1 ist in der Hamburger Praxis nicht sehr hervorgetreten. Die meisten Fälle erforderten keinen Haftbefehl; in manchen waren er und seine Vollziehung unvermeidlich, weil, zumal gegenüber zugereisten Jugendlichen, die Fluchtgefahr, seltener die Verdunklungsgefahr, nicht auf andere Weise ausgeschaltet werden konnte. Auch Mittellosigkeit, Schwerfälligkeit, Gleichgültigkeit oder Verhärtung der Eltern, welche die Abholung oder anderweitige Unterbringung oder Wiederaufnahme des Jugendlichen ablehnten, zwangen zuweilen, wenigstens zunächst Haftbefehl zu erlassen und zu vollziehen. In den Fällen, in denen das Jugendgericht Hamburg Haftbefehl erließ, aber nicht vollzog, hatte dies Verfahren nicht selten den Charakter einer Erziehungsmaßregel, besonders gegenüber hamburgischen Jugendlichen. Sie wurden etwa zu den Eltern entlassen mit der Auflage, sich zu bestimmten Zeiten, u. U. täglich, beim Jugendgericht zu melden, bis sie Arbeit hätten, und das Elternhaus und die Stadt dauernd nur mit gerichtlicher Erlaubnis zu verlassen. Oder es wurde einem Jugendlichen, der Fürsorgezögling war oder es nun vorläufig wurde, mitgeteilt, daß er nur so lange mit der Haft verschont werden könne, als er nicht aus der Fürsorgeerziehung entlaufe. Diese Auflage ist allerdings nicht immer erzieherisch unbedenklich, da sie von außen her in die Fürsorgeerziehung hineinwirkt, und ist unwirksam, wenn der Jugendliche, was ja nicht ganz ungewöhnlich ist, der Fürsorgeerziehung das Gefängnis vorzieht. Gegenüber zugereisten Jugendlichen müssen die Hamburger Jugendrichter auf möglichst baldige Heimschaffung bedacht sein, um nicht Hamburg, das

das Ziel sehr vieler abenteuerlicher oder behördlich verfolgter Jugendlicher ist, durch Verpflegungskosten usw. übermäßig zu belasten.

6. Die Frage, ob in den Fällen, in denen an einer Straftat Jugendliche und Erwachsene als Mittäter, Teilnehmer, Begünstiger, Hehler beteiligt sind, das Verfahren gegen die Jugendlichen richtigerweise abzutrennen sei oder nicht, ist ja wiederholt Gegenstand der Erörterung gewesen. Die Hamburger Praxis war vor dem J.G.G. und ist noch jetzt dadurch bestimmt, daß der Jugendrichter — unbeschadet der richterlichen Trennungsbefugnis — geschäftsordnungsmäßig zugleich den Vorsitz in denjenigen amtsgerichtlichen Strafsachen führte und führt, an denen Jugendliche und Erwachsene beteiligt sind, sog. „gemischte Genossensachen". Das hat die begreifliche Folge, daß in Hamburg seltener abgetrennt wird, als ohne diese Geschäftsverteilung geschehen würde und als § 26 Abs. 2 J.G.G. annimmt. Wir sind der Meinung, daß die Vorteile dieses Verfahrens die Nachteile überwiegen, und, wie ich erfahre, haben Bonn, Stuttgart, Hannover, Königsberg sich auf denselben Standpunkt gestellt. Die Trennung erschwert oft die Ermittlung der Wahrheit, besonders im Hinblick auf die Beteiligung des Jugendlichen und auf die Erforschung seines Wesens. Vernehmungen des Erwachsenen als Zeugen gegen den Jugendlichen und umgekehrt können die gemeinsame Verhandlung nicht ersetzen, und es wird häufig erzieherisch bedenklich sein, daß der Jugendliche in derselben Strafsache in verschiedenen Rollen erscheinen muß. Die Öffentlichkeit der gemeinschaftlichen Verhandlung erscheint uns als das kleinere Übel, zumal sie sich räumlich sehr einschränken läßt und diese Genossensachen nur die Ausnahmen bilden. Äußerungen des Erwachsenen und über ihn, die den Jugendlichen ungünstig beeinflussen könnten, lassen sich durch Anwendung des § 33 Abs. 2 J.G.G. (Hinausschicken des Jugendlichen) meistens unschädlich machen. Die starke Erweiterung der amtsgerichtlichen Zuständigkeit rechtfertigt es nach der Meinung des Hamburger Jugendgerichts, die Trennungsregel des § 26 Abs. 2 J.G.G. gesetzlich auf die Schwur- und Reichsgerichtssachen einzuschränken und im übrigen es dem Jugendrichter zu überlassen, ob im einzelnen Falle im Interesse der Sache oder des Jugendlichen die Verbindung nicht geboten oder gar dem Jugendlichen nachteilig erscheint und daher die Trennung anzuordnen ist. Der Klarheit wegen ist es, auch abgesehen von der Frage der Behandlung der gemischten Genossensachen, erwünscht, im Gesetze ausdrücklich auszusprechen, daß nur der Ausschluß der Öffentlichkeit auf das reine Jugendverfahren beschränkt ist, im übrigen alle Vorschriften des 2. Abschnittes des J.G.G. in jedem Strafverfahren auf die darin verwickelten Jugendlichen anzuwenden seien. Daß der Vorsitz in diesen amtsgerichtlichen Genossensachen dem Jugendrichter gebühre und, soweit Schöffen hinzuzuziehen sind, dies

die Jugendschöffen sein *müssen*, mindestens sein *dürfen*, muß ferner im Gesetz festgelegt werden.

7. Die vom J.G.G. gewählten Strafarten und Strafrahmen erscheinen brauchbar. Zu überlegen wäre, ob nicht über § 27b Str.G.B. hinaus Geldstrafe an Stelle der in erster Linie verwirkten Freiheitsstrafe zuzulassen sei. Ich halte Geldstrafe, der Höhe nach sorgfältig dem Leistungsvermögen angepaßt und nötigenfalls mit weitreichender Anwendung von Zahlungsfristen und Teilzahlungen, für eine sehr geeignete Strafform gegen Jugendliche. Sie wirkt auf die soziale Stellung des Jugendlichen weniger schädlich als Gefängnis und wirkt auf den Jugendlichen selbst oft eindringlicher als Freiheitsstrafe mit kahler Strafaussetzung.

Eine *solche* Strafaussetzung ist in vielen Fällen durchaus unzulänglich, sogar schädlich, vom Standpunkt der Allgemeinheit wie der Erziehung des Jugendlichen. Daß der Jugendrichter in jedem Fall der Strafaussetzung sich über die Führung des Jugendlichen unterrichtet hält, ist selbstverständlich. Um die Strafaussetzung fruchtbar zu machen, ist es häufig erforderlich, dem Jugendlichen besondere Pflichten aufzuerlegen, sei es von vornherein auf die ganze Probezeit oder einen Teil, sei es im Laufe der Probezeit, und je nach der Entwicklung der Dinge sind bisherige Pflichten abzuändern, aufzuheben, durch neue zu ersetzen. Auch die Schutzaufsicht ist häufig am Platze, hat Sinn aber nur, wenn sie den Jugendlichen im Kern beeinflußt. In Hamburg steht diese allerdings in manchen Fällen deshalb nahezu auf dem Papier, weil viele Jugendliche zur See fahren.

Unter allen Umständen muß verhütet werden, daß die Jugendlichen und ihre Eltern die Probezeit als einen bloßen Zeitablauf ansehen, in dem lediglich „nichts passieren“ oder „herauskommen“ darf, sondern sie muß ihnen als eine Zeit der Anspannung vor der Seele stehen. Daß die Kräfte des Geldbeutels, der Einsicht und des Willens oft gering sind, darf der Jugendrichter freilich nicht vergessen, denn Überspannung führt zur Erschlaffung.

Nicht weniger bedenklich als eine schematische *Ausgestaltung* der Strafaussetzung wäre ihre schematische *Gewährung*, etwa auf jede erste Freiheitsstrafe. Die objektive Schwere der Tat, öfter noch das Wesen des Täters, können in manchen Fällen sofortige Vollstreckung der ganzen Strafe oder eines Teiles geboten erscheinen lassen. Auch die Entscheidung hierüber kann nicht allein durch erzieherische Gründe bestimmt werden, sondern auch Rücksichten auf die Allgemeinheit und deren innere und äußere Lebensnotwendigkeiten haben mitzusprechen und spielen z. B. gegenüber politischen Straftaten Jugendlicher häufig die Hauptrolle. Denn die politisch eingestellten Jugendlichen, etwa Kommunisten, *wollen und können* oft durch den Jugendrichter, den

Vertreter des verhaßten Staates, nicht erzogen werden. Da es sich häufig um wertvolle Menschen handelt, zeigt sich hier die Grenze, wo der Jugendrichter aufhören muß, Erziehungsrichter zu sein, besonders peinlich.

Die erzieherischen Rücksichten werden aber in der Regel den Vorrang haben. Es ist denkbar, daß ein Gleichgültiger oder Oberflächlicher der starken Aufrüttlung bedarf, die die Vollstreckung einer Freiheitsstrafe für den Betroffenen meistens bedeutet, zumal wenn die Länge der Strafe nicht über das Maß hinausgeht, das gegenüber Jugendlichen in den meisten Fällen eingehalten wird, und wenn die Gefängnisverwaltung dem Strafvollzug erzieherischen Charakter gibt. Gegenüber verwahrlosten oder störrischen Jugendlichen kann Vollstreckung geboten sein, um sie ganz aus ihrer bisherigen Umgebung loszulösen und eine längere planmäßige, gegen das Entlaufen möglichst gesicherte Erziehung des Jugendlichen zu gewährleisten. In wie vielen Fällen Strafverfahren und Strafvollzug eine wirklich innere Umkehr bewirken, und in wie vielen Fällen sie lediglich das äußere Verhalten des Jugendlichen mit den Geboten der Gesellschaft in Einklang bringen, also den sog. guten Bürger schaffen, darüber wird man sich keine großen Hoffnungen in der ersten Richtung machen dürfen. Das entspricht dem Umstand, daß die meisten straffälligen Jugendlichen nicht aus Bosheit oder gesellschaftsfeindlicher Tatkraft, sondern aus Schwäche sich verfehlen.

Daß die Strafvollstreckung von vornherein im Urteil auf einen Teil der Freiheitsstrafe beschränkt und für den Rest Strafaussetzung gewährt werden darf, wird man im Anschluß an Kiesow und Hellwig annehmen dürfen. Praktisch scheint es mir in seltenen Fällen möglich zu sein, so vorzugehen, denn wenn man vielleicht z. B. sagen kann, daß es der Schwere der Straftat und dem bisherigen Verhalten des Jugendlichen entspreche, wenn er von 6 Monaten 3 verbüße und für den Rest Strafaussetzung erhalte, so kann die Sachlage doch so liegen, daß eine nachhaltige erzieherische Einwirkung keinesfalls in 3 Monaten, vielleicht kaum in 6, zu erreichen ist, und jedenfalls wird, ob 3 Monate für diese Einwirkung genügen, oft nicht *von vornherein* erkennbar sein. Diese erzieherischen Überlegungen müssen aber die Entscheidung über die Strafaussetzung sehr entschieden beeinflussen.

Wird die Strafe vollstreckt, so halten die Hamburger Jugendrichter sich in einer Reihe von Fällen darüber unterrichtet, wie die Strafhaft auf den Jugendlichen wirke und als was für ein Mensch er sich in der Strafhaft zeige. Damit gewinnen sie die Möglichkeit, nachzuprüfen, ob sie den Jugendlichen menschlich richtig beurteilt haben und ob nachträgliche Strafaussetzung am Platze ist. Diese setzt allerdings voraus, daß Lebensunterhalt, Unterkunft und Beschäftigung, möglichst auch der Umgang des Jugendlichen vom Zeitpunkt der Entlassung an geregelt und gesichert sind, und muß mit Schutzaufsicht verbunden werden.

Die hamburgische Gefängnisverwaltung gibt den Hamburger Jugendrichtern jeden Monat eine Übersicht über die im Monat vorher im Jugendgefängnis eingelieferten Strafgefangenen, und die Jugendrichter besuchen möglichst ein- bis zweimal im Jahr das Jugendgefängnis zu persönlicher Rücksprache mit den Beamten, u. U. mit den Jugendlichen selbst. Soweit solche Besuche in größeren Ländern des Reiches wegen der Entfernungen nicht möglich sind, wird darauf hinzuwirken sein, daß mindestens in den Beirat des Jugendgefängnisses, der nach den neuen Grundsätzen für den Vollzug von Freiheitsstrafen vom 7. VI. 1923 eingerichtet werden kann, ein Jugendrichter berufen wird.

II. Allgemein und grundsätzlich ist über das J.G.G. zunächst zu sagen, daß einer seiner größten Vorzüge in seinem Dasein überhaupt besteht. Dadurch ist das Jugendgerichtsverfahren aus einer Angelegenheit, die auf Einsicht und Anordnungen der Verwaltung beruhte und daher jederzeit geändert werden konnte, zu einer feierlich anerkannten und mit gesetzlichem Schutz umgebenen Rechtsordnung geworden. Die juristische Form entspricht nun der Bedeutsamkeit der Lebenserscheinungen. Freilich ist das, wie es zu geschehen pflegt, nicht ganz ohne Schaden für dieses Lebensgebiet abgegangen. Die Regelung ist an manchen Stellen zu genau, zu juristisch geworden. Der § 13 des Gesetzes, der sich mit der 2. Verurteilung eines in einer Probezeit befindlichen Jugendlichen befaßt, ist ein Kreuz und trotz aller den Richter erschöpfenden Genauigkeit sachlich nicht erschöpfend: in Hamburg tauchte z. B. die Frage auf, ob, wenn das 2. auf Freiheitsstrafe lautende Urteil erkläre, die Strafe sei durch die Untersuchungshaft verbüßt, daher gemäß § 13 Abs. 2 J.G.G. die Strafaussetzung für die 1. Strafe widerrufen werden müßte. Auch die vielen Mitteilungs- und Anhörungspflichten sind sehr lästig, ohne daß aus ihnen ein entsprechender Nutzen springt. Möge man doch dem Jugendrichter überlassen, in welchen Fällen er Mitteilungen und Anhörungen für erforderlich hält. Ich glaube nicht, daß z. B. die Staatsanwaltschaft für die Regel großen Wert darauf legt, in Strafaussetzungsfragen gehört zu werden. Hält sie im einzelnen Fall eine bestimmte Art der Behandlung für wichtig, kann sie das dem Jugendrichter mitteilen. Die Hamburger Jugendrichter neigen auch dazu, zu bedauern, daß gegen die Entscheidungen in Strafaussetzungsfragen ein Rechtsmittel gegeben ist. Einerlei, ob nach dem System des Gesetzes die Strafaussetzung zur Strafzumessung gehört oder als Erziehungsmaßregel angesehen wird, so ist sie tatsächlich ihrer Wirkung nach weit überwiegend eine Erziehungsmaßregel und behält daneben, auch nachdem sie vom Gericht als Rechtsentscheidung gewährt oder versagt oder widerrufen wird, stets etwas von dem Charakter des Gnadenerweises, und es paßt zu ihr die Zulassung eines Rechtsmittels nicht. Ist doch auch häufig ein enger innerer Zusammenhang zwischen der Strafaussetzung und der

Straffestsetzung, und ein nur gegen jene gerichtetes Rechtsmittel kann, wenn ihm stattgegeben wird, diese ihres guten Sinnes berauben. Es hätte die Unanfechtbarkeit der Erziehungsmaßregeln auch auf die Entscheidungen über Strafaussetzung ausgedehnt werden müssen. Gnadenerweise bleiben selbstverständlich offen.

Daß die Strafaussetzung von Gesetzes wegen in die Hand des Gerichts oder des Jugendrichters gelegt ist, daß das Jugendgericht Erziehungsmaßregeln anordnen kann, daß Straffreiheit zumal mit Rücksicht auf Erziehungsmaßregeln gewährt werden kann, diese Punkte erscheinen neben den bereits erwähnten §§ 2 und 3 des Gesetzes und neben dem Ausschluß der Öffentlichkeit im Jugendverfahren als Hauptvorzüge des J.G.G. Gerade eine der grundlegenden Bestimmungen aber, die Übertragung von Erziehungsmaßregeln auf das Jugendgericht, wird besonders von Hellwig angefochten und ihre möglichst seltene Anwendung empfohlen. Die Hamburger Jugendrichter glauben gewiß nicht, daß das Jugendgericht als „Erziehungsgericht" Wunder wirken werde, aber sie glauben, daß Hellwigs Einwendungen zum großen Teil nicht die Wirklichkeit des Lebens treffen. In Hamburg sind, wie erwähnt, die Jugendrichter schon seit 1915 Vormundschaftsrichter, und Erziehungsmaßregeln sind vom Jugendschöffengericht als Abteilung der Vormundschaftsbehörde häufig im Anschluß an die Hauptverhandlung angeordnet worden, insbesondere Zwangserziehung. Das stark verbreitete Vorurteil gegen die Fürsorgeerziehung beruht m. E. nicht darauf, daß sie in der Regel vom Strafrichter angeordnet worden sei (was ja bis zum 1. VII. 1923 im größten Teil des Reiches nicht einmal in der damals für Hamburg seit Jahren bestehenden *äußeren* Verbindung von strafrichterlicher und vormundschaftsrichterlicher Entscheidung geschehen ist), sondern beruht darauf, daß die Fürsorgeerziehung eine zeitlich nicht nach Art eines Strafurteils begrenzte Freiheitsbeschränkung enthält, und daß die Ausübung der Fürsorgeerziehung *nach Auffassung der Zöglinge und ihrer Angehörigen* häufig den Zöglingen mehr schadet als nützt. Ich glaube daher nicht, daß, nachdem das J.G.G. allgemein Erziehungsmaßregeln einschließlich der Fürsorgeerziehung dem Jugendgericht übertragen hat (hinsichtlich der Fürsorgeerziehung lediglich als Ausdehnung des bisherigen § 56 Abs. 2 Str.G.B.), die vom Jugendgericht angeordneten Erziehungsmaßregeln in der öffentlichen Meinung den Charakter von Strafen erhalten werden. Vielmehr scheint mir der scharfe Unterschied zwischen Vormundschafts- und Strafrichter mehr juristisch-theoretischer Natur. In den weitaus meisten Fällen wird der Vormundschaftsrichter dieselbe Person sein wie der Jugendrichter, und es wird für die betroffenen Jugendlichen und ihre Eltern wenig Unterschied bedeuten, ob der Richter in dieser oder jener Eigenschaft eine Erziehungsmaßregel festsetzt. Sondern, ob diese als Strafe empfunden wird, wird vor allem von ihrem Inhalt und von der Persönlichkeit des Richters abhängen, sowie von der inneren Einstellung, die der Jugendliche und seine Angehörigen zu seinem Verhalten haben. Ich glaube auch nicht, daß der Unterschied zwischen vormundschaftsgerichtlichem und strafrichterlichem Verfahren von erheblicher Bedeutung ist. Gewiß ist es richtig, daß das Jugendgerichtsverfahren ein Strafverfahren, daher auf Feststellung bestimmter Tatbestände und der daraus abzuleitenden Straffolge zugeschnitten ist, und zwar meistens solcher Tatbestände, die ein einmaliges Ereignis darstellen. Aber es gibt auch Tatbestände, die größere Lebenszusammenhänge erfassen (Fortsetzungszusammenhang, Gewohnheits-, Geschäfts- oder Gewerbsmäßigkeit). Andererseits knüpft die Tätigkeit des Vormundschaftsrichters oft an einzelne Vorfälle an. Das Vorverfahren bietet dem Jugendrichter eine hinreichende Gelegenheit, die Lebensverhältnisse des Jugendlichen aufzuklären, ohne deren Kenntnis keine passende Erziehungsmaßregel gefunden werden kann. Und schließlich tragen die Hamburger Jugendrichter kein Bedenken, in der Hauptverhandlung *diese* Umstände nicht nach den strengen Regeln festzustellen, die der Entscheidung über das „Schuldig" zugrunde liegen müssen, sondern insoweit sich der beweglicheren Form zu bedienen, die dem Vormundschaftsrichter für seine Feststellungen zur Verfügung steht. Im übrigen beziehe ich mich bezüglich der Häufigkeit der urteilsmäßigen Fürsorgeerziehung auf das früher Gesagte. Was die anderen Erziehungsmaßregeln angeht, so hat das Hamburger Jugendgericht sie angeordnet, wenn der Jugendliche den größten Teil seines bisherigen Lebens, besonders die letzten Jahre, in Hamburg zugebracht hat und daher es möglich ist, Vorleben und Umwelt des Jugendlichen genau aufzuklären. In solchen Fällen wird das Jugendgericht Hamburg in der Regel zugleich Vormundschaftsgericht sein. Ist der Jugendliche erst vor kurzer Zeit nach Hamburg gekommen, so daß die Aufklärung der persönlichen Verhältnisse an einem anderen Orte besser geschehen kann, so daß in der Regel auch die vormundschaftsgerichtliche Zuständigkeit nicht in Hamburg liegt, so hat das Jugendgericht Hamburg es allerdings als sachgemäß angesehen, entweder sich jeden Ausspruchs über eine Erziehungsmaßregel zu enthalten, wozu es sich entgegen der Meinung von Kiesow für befugt hält, oder es hat lediglich allgemein die Notwendigkeit einer Erziehungsmaßregel anerkannt, ihre Auswahl und Anordnung aber dem Vormundschaftsgericht überlassen. Daß Strafgerichte, die nur auf dem Wege der Verbindung von Strafsachen gegen Erwachsene und Jugendliche gelegentlich einmal über Jugendliche zu urteilen haben, sich möglichst der Anordnung von Erziehungsmaßregeln enthalten, und daß auch die Jugendstrafkammer, vor die in Hamburg sehr wenige Berufungssachen kommen, nur ausnahmsweise Erziehungsmaßregeln anordnet, halte auch ich für wünschenswert. Ein Nachteil ist es gewiß, daß über Erziehungsmaßregeln, je nachdem der Jugendrichter oder der Vormundschaftsrichter sie angeordnet hat, auf Rechtsmittel entweder im Verfahren des Gesetzes über die freiwillige Gerichtsbarkeit oder nach den Regeln der Str.P.O. zu entscheiden ist, und daß die Richter der 2. Instanz im ersten Fall häufig andere Personen sein werden als im zweiten. Doch läßt sich hier durch Maßnahmen der Geschäftsordnung des Landgerichts auf Personengleichheit hinstreben, wie in Hamburg geschehen, und im übrigen sind Entscheidungen der 2. Instanz viel seltener zu fällen als der 1. Jener Mißstand kann daher kein Anlaß sein, dem Jugendrichter stets die Entscheidungen über Erziehungsmaßregeln aus der Hand zu nehmen, damit der Vormundschaftsrichter (der nicht immer dieselbe Person sein wird wie der Jugendrichter), nach dem schätzenswerten Grundsatz des Wiederkäuens auf Grund nochmaliger Erörterung der Sache darüber entscheidet. Ich halte es auch vom Wohle des Jugendlichen aus gesehen für das Natürliche und Richtige, daß der Jugendrichter, der sich wegen der Straftat des Jugendlichen eingehend mit ihm zu befassen hat, in der Regel auch *die* Folgerungen zieht, die sich hinsichtlich der Erziehung des Jugendlichen aus dem, was durch das Strafverfahren zur Sprache gekommen ist, ergeben. Hat doch auch der Vormundschaftsrichter meistens bis dahin nichts mit den Jugendlichen zu tun gehabt. Die weitere Frage, ob es angebracht ist, junge Menschen unter 18 Jahren überhaupt vor den Strafrichter zu stellen, kann ich heute nicht mehr erörtern. Ich glaube, in Übereinstimmung mit den meisten deutschen Jugendrichtern zu sein, wenn ich sage, daß bis auf weiteres weder der Allgemeinheit noch den Jugendlichen ein Dienst erwiesen würde, wenn man zwar die meisten Jugendlichen über 14 Jahre, wie es doch geschieht und zur Zeit geschehen muß, in das Leben der Erwachsenen hineinstellt, ihnen aber die gesetzliche Verantwortung der Erwachsenen *völlig* abnehmen wollte. Sicherlich aber dürfen und werden die Probleme und die letzte Problematik der Strafe gerade im Jugendstrafrecht nicht zur Ruhe kommen, und darin liegt eine unschätzbare Bedeutung des J.G.G. für das gesamte Strafrecht.

Die praktische Handhabung des deutschen Jugendgerichtsgesetzes.

II. Referat.

Von

Amtsrichter **Krall**,

Jugendrichter in Karlsruhe.

Ich soll heute als Praktiker zu Ihnen sprechen über die praktische Handhabung des deutschen J.G.G., eines Gesetzes, das wie kein zweites dazu berufen ist, das Wort zuschanden werden zu lassen: fiat justitia, pereat mundus: Möge die Gerechtigkeit walten, wenn auch die Welt zugrundegeht.

Ich spreche zu Ihnen als ein Mann, der aus einer sonnigen und wohlbehüteten Kindheit ins Leben trat, der aber trotzdem das Leben kennt und die Mächte, die den Armen schuldig werden lassen.

Als mir vor Jahren die Jugendrichterstelle angeboten wurde, habe ich mich dagegen gesträubt, wobei ich etwa sagte:

„Es mag sein, daß ich berufen bin, aber ich halte mich nicht für geeignet, nicht etwa, weil ich den Kampf gegen die Not der Jugend fürchte, sondern den gegen das mangelnde Verständnis, das einer produktiven Arbeit auf diesem Gebiete begegnet und uns daher häufig jede innere Anteilnahme und Förderung versagt, mag es sich um Behörden oder um die Gesellschaft handeln, auf die wir angewiesen sind. Ein Jugendrichter", führte ich aus, „kann nur dann etwas leisten, wenn Sie ihm eine Machtvollkommenheit geben, wie sie das heutige Gesetz nicht kennt und wohl auch nicht kennen kann."

Ich bin doch Jugendrichter geworden und will es bleiben, nachdem ich erkannt, wie groß die Not der Jugend ist, der Jugend, welche die Zukunft unseres armen Vaterlandes in sich birgt.

Ich habe geschwankt, ob ich diesen Empfindungen heute Ausdruck verleihen soll.

Aber als ich in den Auslassungen älterer Jugendrichter im „Zentralblatt" über die praktische Bewährung des J.G.G. las, wie ein Richter schreibt: „Unter dem J.G.G., mit seiner Fülle von Paragraphen, seiner kleinlichen Beengung des Jugendrichters in prozessualer und materieller Hinsicht, würde der vorbildliche amerikanische Jugendrichter seine großen Erfolge nicht erreichen. Man betont die Erziehung und behindert sie durchs Gesetz; in Ausführung engherziger Bestimmungen muß sich der Jugendrichter, insbesondere auch mit Rücksicht auf das Sparen mit Richterkräften, auf Kosten der Erziehung erschöpfen."

Und ein anderer schreibt über das Gesetz: „Soweit es sich jetzt übersehen läßt, ist es ein schwülstiges Gesetz. Anstatt dem JG. und dem Jugendrichter weitestgehende Freiheiten einzuräumen, hat man sie oft durch kleinliche Bestimmungen eingeengt."

Und als ich auf der vorgestrigen Fürsorgetagung Worte hörte, die sich in gleicher Richtung bewegten, habe ich zu meiner Beruhigung und Sicherheit gesehen, daß meine Empfindungen nicht die eines — milde ausgedrückt — weltfremden Idealisten sind, sondern daß sie geteilt werden von Männern, die gleich mir die Not der Jugend erkannt haben und nach Wegen suchen, ihr zu helfen.

Wir Jugendrichter wollen das Wort zuschanden werden lassen: „Es walte Gerechtigkeit, auch wenn die Welt zugrunde geht."

Schleudert man uns aber nicht stets entgegen: „Sie geht doch zugrunde. Ihr rettet die Jugend nicht, es ist ja alles Schwindel.“ Und die ganz Klugen setzen noch hinzu, wenn sie der Jugendgerichtshilfe gedenken: „Es sind uns zuviel Weiber dabei.“

Dies sagen Männer, auf deren Mitarbeit wir angewiesen sind, die aber nie erkannt haben, welchen Reichtum an tatkräftiger Hilfe diese „Weiber“ aus einem Verantwortlichkeitsgefühl verteilen, von dem ein Bruchteil genügen würde, um diejenigen, die so reden, abzuhalten, ihre Empfindungen, die ihnen unbenommen bleiben sollen, in einer Weise zu äußern, daß der Kampf gegen die Not unserer Jugend schweren Schaden erleidet.

Sie haben ja vielleicht nie die Größe der Not und ihre Ursachen erfaßt, und so wollen wir uns doch hier einmal zunächst hierüber aussprechen:

In welchem Hause ist in den letzten 10 Jahren unter der Not der wirtschaftlichen Verhältnisse und dem Druck der Notmaßnahmen das Gesetz nicht übertreten worden? In welchem Hause wurden die Kinder nicht angelernt, solche Gesetzesübertretungen zu verheimlichen, auf Befragen die Unwahrheit zu sagen, das heißt zu lügen?

Wer lügt, der stiehlt, sagt ein altes Sprichwort.

Wo ist die Achtung vor dem Gesetz geblieben?

In welchem Hause wurde nicht alles, was der Jugend bis dahin als Vorbild in Schule und Haus galt, in den Kot gezogen, und in wieviel Häusern ergeht es heute nicht ebenso den Männern, auf deren Schultern die schwere Verantwortung der Regierung liegt und die daher die erste Autorität repräsentieren?

Wo ist die Achtung vor dieser Autorität geblieben? Die Achtung vor der fremden und auch der eigenen Persönlichkeit, vor dem Göttlichen im Menschen, da die ungünstigen Wohnungsverhältnisse zusammen mit den anderen Kriegsfolgen, wie Inflation usw., die Kinder Dinge sehen und erleben ließen, die sie jäh aus dem Jugendland herausrissen und zu Wissenden machten und machen:

Ein junger 16jähriger, welcher einem Vormundschaftsrichter mit weißen Haaren auf Vorhalt seines verschwenderischen Lebenswandels und übermäßigen Zigarettenrauchens und auf den Hinweis, daß auch die Erwachsenen sich Einschränkungen auferlegen müßten, antwortet: „So sehen Sie aus.“

Ein kaum 17jähriges Mädchen, welches wegen zahlreicher sittlicher Verfehlungen mit verschiedenen Männern einer Anstalt überwiesen wird, und auf Vorhalt ihres sicheren Weges zum Elend und der Tatsache, daß mancherlei Apparate bei ihr gefunden wurden, antwortet: „Was wollen Sie von mir, so machen es alle, und wenn ich verheiratet wäre, hätten Sie nichts dagegen“.

Ein 16jähriger, der wegen Einbruchs mit falschen Schlüsseln mit Gefängnisstrafe belegt wird, Strafaufschub erhält und bald darauf, obwohl er durch die Jugengerichtshilfe Arbeit erhalten hat und zu Hause in Verpflegung steht, einen gleichartigen neuen Diebstahl begeht, nur um sich Zigaretten kaufen zu können: diese Erscheinungen sprechen eine genügende Sprache. Sie zeigen, welche Anforderungen an ein Jugendgerichtsgesetz gestellt werden müssen, und ihrer eingedenk und im Bewußtsein der Verantwortung, wollen wir zu dem eigentlichen Thema des Referats schreiten.

Welche Aufgaben erwachsen aus dem Gesetz der Regierung und den Behörden?

Welche dem Jugendrichter und welche der Jugendgerichtshilfe?

Ich sage 1. der Regierung und den Behörden.

Wer ist zum Jugendrichter zu bestellen?

Das Gesetz sagt im § 19, Abs. 2, daß, wenn ein Amtsgericht mit mehreren Richtern besetzt ist, die Geschäfte des Jugendrichters und des Vormundschaftsrichters demselben Richter übertragen werden sollen. Eine Sollvorschrift, von welcher Baden den Gebrauch gemacht hat, daß es angeordnet hat, daß die Geschäfte des Jugendrichters und des Vormundschaftsrichters in der Hand eines Richters zu vereinigen sind, und daß da, wo mehrere Richter sich in die Geschäfte des Vormundschaftsrichters teilen, die vormundschaftsgerichtliche Tätigkeit auch bezüglich derjenigen straffälligen Jugendlichen, für die bisher ein anderer Vormundschaftsrichter zuständig war, auf den Jugendrichter in dem Zeitpunkt übergeht, in dem eine jugendgerichtliche Tätigkeit in Frage kommt.

Daß nach den Forderungen des Lebens und des Charakters des Gesetzes als eines Erziehungsgesetzes eine andere Lösung überhaupt nicht in Frage kommt, möge ein praktisches Beispiel beweisen.

Setzen Sie sich einmal in die Lage, daß ein Kind oder Geschwister mit dem Strafgesetz und den Behörden in Berührung kommt.

Jedes gewissenhafte Elternpaar und alle Angehörigen werden sich mit den Behörden in Verbindung setzen, in deren Hand das Schicksal des jungen Menschen liegt. Nun gehen sie zunächst zum Jugendstaatsanwalt, dann zum Jugendrichter, dann zum Vormundschaftsrichter und schließlich, wenn Fürsorgeerziehung angeordnet werden muß, zur Vollzugsbehörde.

Überall werden sie eingehende Rücksprache nehmen, die Verhältnisse schildern, wie dies in § 31 des Gesetzes auch gefordert ist.

Wer einmal einen solchen Gang gemacht hat, weiß, was seine Wiederholungen bedeuten. Schon aus diesem Gesichtspunkt bedauere ich es als einen rückläufigen Schritt, zu dem das Reichsjugendwohlfahrtsgesetz die badische Regierung zu zwingen droht, den Vollzug der Fürsorgeerziehung dem Vormundschaftsgericht wieder zu nehmen, nachdem es ihn erst vor kurzen Jahren erhalten hatte.

Auch das Gesetz selbst fördert in seinem § 49 die Vereinigung der Geschäfte in der Hand eines Richters, wenn es die Abgabe der vormundschaftsgerichtlichen Tätigkeit über einen Minderjährigen für den Fall einer strafbaren Handlung vor einem anderen Gericht zuläßt.

Über die Anforderungen, welche an den Jugendrichter zu stellen sind, ist eigentlich wenig zu sagen. Vielleicht das, daß die Regierung ihm ermöglichen muß, seine Kenntnisse auf dem erzieherischen Gebiet zu erweitern, insbesondere dadurch, daß es ihm ermöglicht wird (und zwar durch Ersatz seiner Auslagen), die Erziehungsanstalten und auch Strafanstalten zu besuchen, um in ständiger Verbindung mit seinen Schutzbefohlenen zu bleiben.

Als weiteres Erfordernis muß hier betont werden, daß es Aufgabe der Regierung sein muß, für einen jugendrichterlichen Nachwuchs zu sorgen, der sich besonders für diesen Beruf eignet. Diese Eignung wird nicht ohne weiteres durch ein gutes Staatsexamen erwiesen. Es ist bedauerlich, wenn jemand, der infolge seines Interesses auf anderen, insbesondere pädagogischen Gebieten, die er vielleicht durch praktische Arbeit betätigt hat, nicht die juristischen Fachkenntnisse erwerben konnte, die ihm eine gute Examensnote sicherten, daß ein solcher Assessor aus diesem Grunde nicht in den Staatsdienst übernommen werden sollte.

Als weiteres Erfordernis muß meines Erachtens religiöses Empfinden von dem Jugendrichter verlangt werden. Nur wer dieses hat, verfügt über die Kraft und den Mut der Wahrheit, die er für sein hohes Amt unbedingt braucht.

Ein genügender Nachwuchs ließe auch die Nachteile vermeiden, die sich aus dem Mangel geeigneter Stellvertreter für den Jugendrichter ergeben. Ich möchte hierbei bemerken, daß es sich meiner Meinung nach mit dem Amt eines Jugendrichters nicht vereinbaren läßt, daß er aus irgendeinem Grunde länger als während der Dauer des üblichen Erholungsurlaubs seinem Wirkungskreis entzogen wird.

Auf keinen Fall sollte aber die Stellvertretung von jüngeren oder von mehreren Vertretern ausgeübt werden, es sei denn, daß der eine von ihnen erkrankt.

Dieselben Ansprüche müssen an die Besetzung der Stelle des Jugendstaatsanwaltes gestellt werden. Es ist auf alle Fälle mit den Aufgaben des Gesetzes völlig unvereinbar, daß dieser Posten tatsächlich von jungen Referendaren bekleidet wird, die noch keine 2 Monate im Staatsdienste sind. Auch dem Jugendstaatsanwalt ist Gelegenheit zu geben, durch jahrelange Bearbeitung der Jugendstrafsachen sich mit der Einstellung des Jugendrichters und mit seinem Wirkungskreise vertraut zu machen.

Anders kann wohl die Bestimmung in § 21 des Gesetzes nicht verstanden werden.

Ich glaube nicht, daß es sich mit dem Geist des Gesetzes vereinbaren läßt, daß Jugendstrafsachen einem Abteilungsleiter nicht „zugemutet“ werden können.

Auch den Berufungs- und Beschwerdegerichten sollte m. E. Gelegenheit gegeben werden, die praktische Auslösung des Gesetzes als Erziehungsgesetz bei Anordnung der Fürsorgeerziehung kennen zu lernen. Erfahrungen, die ich anläßlich der Handhabung des Gesetzes auf diesem Wege gemacht habe, zeigten mir, daß in den weitesten Kreisen, insbesondere aber auch bei Beamten, die mit diesem Gebiet nicht in Berührung kommen, Anschauungen herrschen, die auf dem Gebiet der Fürsorgeerziehung ans Mittelalter erinnern.

Glauben Sie mir, daß ich bei solchen Erfahrungen an die Bedenken dachte, die ich bei meiner Berufung geäußert habe.

Ich halte es für mein Recht, am Schluß dieser Ausführungen als eine weitere billige Forderung aufzustellen, daß auch die dienstliche Ausstattung des Geschäftskreises eines Jugendrichters und auch seine Gehaltseinstufung ihm, wenn er als berufen erkannt ist, ermöglichen, auf dem Posten zu bleiben.

Die Art und Weise, wie und was ich zu Ihnen spreche, schützt mich wohl vor einer Mißdeutung dieser Bemerkung.

An dieses Gebiet angrenzend, will ich die Forderungen stellen, die an die Kommunalbehörden zu richten sind in Ansehung des § 28 J.G.G., wonach Untersuchungshaft gegen Jugendliche möglichst zu vermeiden ist und der Jugendliche in anderer Weise untergebracht werden soll.

Ich trete, was die Anordnung der Untersuchungshaft anlangt, vollkommen dem vielleicht mehr staatsanwaltschaftlichen Standpunkt bei, wonach die Untersuchungshaft grundsätzlich beibehalten werden muß. Ich wünsche vielmehr, daß auch bei ihr den erzieherischen Aufgaben des Gesetzes dadurch Rechnung getragen wird, daß einem jugendlichen Untersuchungsgefangenen verboten sein soll, sich mancherlei Bequemlichkeiten, insbesondere aber Kostverbesserung, zu beschaffen, die ihm häufig die Untersuchungshaft zu einem recht annehmbaren Aufenthalt machen. Ich habe hier die unglaublichsten Sachen erlebt. Daß ein Vater, mit dessen Einwilligung ich einen 18jährigen, nahezu von allen Seiten aufgegebenen Sohn kurz ins Gefängnis einwies, diesem neben einem Schlafanzug noch allerlei Mahlzeiten ins Gefängnis schicken lassen wollte, konnte ich durch geeigneten Vorhalt verhindern.

Es muß aber gefordert werden, daß die Kommunalbehörden entweder geeignete Verwahrungsräume schaffen oder die Verbände und Vereinigungen, die solche zur Verfügung stellen, in genügender Weise mit Geldmitteln unterstützen, insbesondere, wenn es sich um städtische Anwesen handelt.

Ich will nunmehr zu den Bestimmungen des Gesetzes übergehen, die seinen eigentlichen Kern ausmachen. Es ist hierbei zunächst zu bemerken, daß, abgesehen von der Hinaufsetzung der Strafmündigkeit vom 12. auf das 14. Lebensjahr, dem Ersatz der Strafe des Verweises durch das Erziehungsmittel der Verwarnung und der Möglichkeit, von Strafe abzusehen, die Segnungen des J.G.G. in Baden, wie in vielen Bundesstaaten, im Verwaltungs- und Verordnungsweg durch Schaffung eines Jugendgerichtsverfahrens schon erstrebt und erlangt waren.

Seit der Einführung des J.G.G. (1. Juli 1923) stehen mir hierzu als Jugendrichter des Stadt- und Landbezirks Karlsruhe mit 138 723 Einwohnern der Stadt und 35 612 Einwohnern der Landgemeinden somit Erfahrungen zur Verfügung, die ich an Jugendlichen aus einer Einwohnerzahl von 174 385 Menschen gemacht habe.

Von diesen gelangten in der Zeit vom 1. Juli 1923 bis 1. Juli 1924 228 Jugendliche zur Anzeige beim Jugendstaatsanwalt.

Zur *Einstellung* durch die Staatsanwaltschaft kamen 95 Fälle, darunter 65, ohne daß das Jugendgericht als Vormundschafts- oder Fürsorgegericht sich mit ihnen weiter zu befassen hatte.

In einem Falle erfolgte Einstellung des Verfahrens, weil der zur Strafverfolgung erforderliche Antrag nicht gestellt wurde. Der 17-jährige Jugendliche wurde unter freiwillige Schutzaufsicht gestellt.

In 27 Fällen erfolgte Einstellung nach § 32 vor Erhebung der Anklage, und zwar in 25 Fällen, weil Erziehungsmaßregeln angeordnet wurden und weitere Maßnahmen nicht erforderlich erschienen. In einem Fall, weil der 14jährige im Weg der freiwilligen Fürsorge in einem Krüppelheim untergebracht wurde.

In 2 Fällen erfolgte Einstellung des Verfahrens nach Erhebung der Anklage, weil inzwischen im Wege der Fürsorgeerziehung Anstaltserziehung eingetreten war. (§ 32, Abs. 2, Satz 2 d. G.)

Zur *Aburteilung* vor dem Jugendgericht gelangten 130 Jugendliche in 21 Jugendgerichtssitzungen.

Hiervon wurden *freigesprochen* 7, darunter einer auf Grund des § 3 J.G.G., der seiner Familie überwiesen wurde, die übrigen mangels Beweises. Es handelte sich beinahe in allen Fällen um Jugendliche, die mit anderen Burschen an Straftaten beteiligt und durch deren Aussagen nicht zu überführen waren.

Zu *Geldstrafen* wurden 13 verurteilt, darunter 2 15jährige, 4 16-jährige und 7 17jährige. Die Strafen sind bezahlt.

Einer Straftat schuldig erklärt wurden die Angeklagten in *30 Fällen*, in welchen *von Strafe abgesehen* wurde, und zwar bei 9 15jährigen, 12 16jährigen und bei 9 17jährigen. Hiervon wurden der Fürsorgeerziehung überwiesen 3 15jährige und 1 17jähriger.

Zu *Freiheitsstrafen* wurden 81 Jugendliche verurteilt, und zwar zu Strafen

a) unter einem Monat: 49 (7 Haftstrafen, 42 Gefängnisstrafen), darunter 2 14jährige, 11 15jährige, 11 16jährige und 25 17jährige. Daneben wurde Fürsorgeerziehung angeordnet in 6 Fällen, und zwar gegen einen 14jährigen, 2 15jährige und 3 16jährige. 3 waren bereits Fürsorgezöglinge.

b) 1—2 Monate: 8, darunter 1 15jähriger, 2 16jährige und 5 17jährige. Fürsorgeerziehung wurde angeordnet in einem Falle bei einem 17jährigen, 2 Verurteilte waren bereits Zöglinge.

c) 2—3 Monate: 5, je 2 15- und 16jährige, 1 17jähriger. Der Fürsorgeerziehung wurden überwiesen 1 15jähriger und 1 17jähriger.

d) 3—4 Monate: 5, darunter 1 15jähriger, 1 16jähriger und 3 17jährige. Der Fürsorgeerziehung wurde 1 16jähriger überwiesen.

e) 4—5 Monate: 5, 2 16jährige, 3 17jährige. Der Fürsorgeerziehung wurden die 2 16jährigen und 2 17jährige überwiesen.

f) 6 Monate: 8, je 4 16- und 17jährige. Davon wurden der Fürsorgeerziehung überwiesen 6, während 2 schon Zöglinge waren.

g) 2 Jahre: 1 17jähriger, der aus einer 2jährigen Gefängnisstrafe entflohen und bereits Fürsorgezögling war.

Bei diesen 81 Gefängnisstrafen erhielten die Verurteilten in 52 Fällen Strafaufschub, während 29 ihre Strafe verbüßen mußten. Letztere waren meist schon vorbestraft. In 5 Fällen handelte es sich um Haftstrafen wegen Bettelns, in 2 Fällen wegen Mundraubs. In 2 Fällen galt die Gefängnisstrafe als durch die Untersuchungshaft verbüßt, die übrigen Verurteilungen bzw. Verbüßungen erfolgten bei Strafen

a) unter 1 Monat: 9, lediglich die vorgenannten 7 Haftstrafen und 2 durch die Untersuchungshaft verbüßten Gefängnisstrafen.

b) 1—2 Monate in 6 Fällen, 1 15jähriger, 2 16jährige, 3 17jährige.

c) 2—3 Monate 1 Fall, 1 15jähriger, der geleugnet hat.

d) 3—4 Monate in 3 Fällen, jeweils 17jährige.

e) 4—5 Monate in 4 Fällen, 2 16- und 2 17jährige.

f) 6 Monate in 6 Fällen, 4 17jährige und 2 16jährige.

g) die 2jährige Gefängnisstrafe ist natürlich mit Rücksicht auf das Obengesagte zu verbüßen.

Neben diesen Verurteilungen wurden durch *Strafbefehle* Geldstrafen festgesetzt gegen 29 Jugendliche, und zwar in 4 Fällen gegen 15jährige, in 7 gegen 16jährige und in 18 Fällen gegen 17jährige.

Diesen Verurteilungen stehen im gleichen Zeitraum des Vorjahres 249 Verurteilte, und zwar mit 99 Freiheitsstrafen, von denen 39 verbüßt wurden, 36 Geldstrafen, 27 Verweise gegenüber und 78 Strafbefehle.

Als Vormundschaftsrichter habe ich in dem gleichen Zeitraum gegen 113 Jugendliche das Fürsorgeerziehungsverfahren eingeleitet, 82 endgültig und 16 vorläufig der Fürsorgeerziehung überwiesen.

Wenn Sie diese statistischen Angaben mit denen meines Vorredners vergleichen, die sich auf eine norddeutsche Großstadt — See- und Handelsstadt — beziehen, während die meinigen die einer süddeutschen Mittel- und Binnenstadt darstellen, so bedaure ich, daß die Übertragung des Referats mit meinem Urlaub so ungünstig zusammenfiel, daß ich erst bei der Heimkehr die Fragebogen vorfand und daher nicht in der Lage war, mich mit meinem Kollegen unserer größten badischen Stadt, der Industriestadt Mannheim, ins Benehmen zu setzen.

Daß dort ganz andere Verhältnisse liegen, ging schon aus einer Zeitungsnotiz hervor, wonach im Frühjahr an einem Jugendgerichtstag über 50 Jugendliche abgeurteilt worden sein sollen. Es fragt sich, inwieweit hierzu die eingangs erwähnten Bedenken des Kollegen über die Sparung von Richterkräften zu berücksichtigen wären.

Eine Entscheidung über die uns heute vorliegende Frage, ob sich das Absehen von Strafe bewährt hat, kann natürlich mit Rücksicht darauf, daß das Gesetz erst so kurze Zeit in Kraft ist, heute nicht getroffen werden.

Zu § 3 d. G., wonach ein Jugendlicher dann nicht strafbar sein soll, wenn er zur Zeit der Tat nach seiner geistigen oder sittlichen Entwicklung unfähig war, das Ungesetzliche der Tat einzusehen oder seinen Willen dieser Einsicht gemäß zu bestimmen, möchte ich nur bemerken, daß die Entscheidung dieser Frage wohl die schwerste und verantwortungsvollste für den Jugendrichter ist. Ich habe, als ich vor 14 Jahren in der Strafanstalt für Jugendliche arbeitete, einen 13jährigen Bauernjungen in der Abteilung gehabt, welcher von einer Strafkammer zu längerer Freiheitsstrafe verurteilt worden war, weil er mit anderen Burschen zusammen eine geistesschwache Person sozusagen zu Tode gehetzt hatte. Wenn ich mich nicht irre, hatte Voruntersuchung stattgefunden. Sie wissen, wieviel berufene Personen die Strafbarkeitseinsicht des früheren § 56 RStGB. bejaht hatten. Als ich gelegentlich den Arbeitssaal betrat, suchte dieser Junge meine Aufmerksamkeit dadurch zu erwecken, daß er mir freundlich zunickte. Als ich ihn dann herausnahm, sah er mich treuherzig an und sagte: „Herr Setzler (so hatte er den Namen Assessor aufgenommen), gestern bin ich gebadet worden, ganz nackig, in einer Badewanne.“ Dabei strahlte er über das ganze Gesicht. Ich glaube, daß, wer sich diesen Vorgang vorstellt, sich meine Empfindungen vergegenwärtigen kann, die mich bei Erinnerung an die Bejahung des § 56 in diesem Fall bewegten. Ich danke diesem Fall und mit mir mancher Jugendliche, insbesondere in der Zeit, da ich als Hilfsrichter bei der Strafkammer mitwirkte, daß von mir die Voraussetzungen dieser Gesetzesbestimmung mit einem Verantwortlichkeitsgefühl geprüft werden, das mich vor einer voreiligen Bejahung dieser Frage behüten möge. Wie schwierig diese Frage ist, ersehen Sie daraus, daß wohl ein geringer Prozentsatz, selbst von Juristen, in der Lage sein wird, Schulfälle so klar darzulegen, daß die Gesetzesbestimmung ohne weiteres verstanden werden kann. Mit größter Vorsicht sind auf alle Fälle die dahingehenden Auskünfte der sog. Erkundigungspersonen zu werten.

Jedenfalls bringt mich aber diese Verantwortung zu der Forderung, im ganzen Jugendgerichtsvorverfahren womöglich den Staatsanwalt sowie jede dritte Person zwischen dem Jugendlichen und dem Jugendrichter auszuschalten.

Ich verweise auf das, was ich oben zu den vielen Gängen der Angehörigen gesagt habe, ich möchte hierzu noch hervorheben, daß ein Jugendlicher, der durch viele Hände gegangen ist, wozu insbesondere noch die Einwirkung der Angehörigen, Arbeitgeber und Dritter kommen, sich bei der Aburteilung doch nicht mehr als der Junge oder das Mädchen darstellt, die er, bzw. es, bei Begehung der Straftat gewesen ist.

Zu Ziffer 6, Anwendung der verschiedenen Erziehungsmittel und Anordnung der Fürsorgeerziehung im Urteil, verweise ich auf die statistischen Angaben. Wie Sie aus denselben ersehen, habe ich häufig im Strafurteil die Fürsorgeerziehung angeordnet. Ich war hierzu, da ich zugleich Vormundschaftsrichter bin und die nötigen Erkundigungen veranlassen konnte, auch stets in der Lage. Ich halte die Anordnung auch für zweckmäßig, insbesondere schon im Interesse des Jugendlichen und vor allem seiner Angehörigen, die dadurch baldmöglichst über sein endgültiges Schicksal unterrichtet sind.

Zu Ziffer 7 der uns vorgelegten Punkte für die Aussprache, Verbindung von Jugendsachen mit Strafsachen gegen Erwachsene, kann ich die im Zentralblatt XVI, S. 88 geäußerten Bedenken nicht teilen. Es ist richtig, daß es zu Unbilligkeiten führen wird und insbesondere von Jugendlichen als solche empfunden werden kann, wenn ein erwachsener Genosse eine mildere Strafe bekommt. Dies läßt sich meiner Erfahrung nach zunächst unschwer dadurch vermeiden, daß man sich mit dem zuständigen Richter ins Benehmen setzt, erforderlichenfalls die Akten mitteilt. Ich habe in einem Fall, in dem eine solche Unbilligkeit dadurch zutage trat, daß in der Erwachsenensache der Tatbestand eines einfachen Diebstahls angenommen wurde, während das Jugendgericht schweren Diebstahl festgestellt hatte, dadurch einen Ausgleich geschaffen, daß ich dem Jugendlichen Strafurlaub für den letzten Teil der Strafe bewilligt habe.

Zu Ziffer 9: Strafen, Strafaussetzung und Strafvollzug, möchte ich zunächst auf die meiner Meinung nach sehr zutreffende Anregung hinweisen, welche der Erlaß des badischen Justizministeriums über die Ausführung des J.G.G. zu § 7 enthält: „Eine Bestrafung des Jugendlichen kommt nur in Betracht, wenn das Gericht entweder neben einer Erziehungsmaßregel noch eine Strafe für erforderlich erachtet, oder wenn nach der Auffassung des Gerichts keine Erziehungsmaßregel, wohl aber eine Strafe am Platze ist."

Neben den zu berücksichtigenden Umständen wird dann in diesem Erlaß insbesondere gefordert, daß auch der Eindruck in Betracht zu ziehen sei, den ein Absehen von Strafe und der Ersatz der Strafe durch eine Erziehungsmaßregel auf die Allgemeinheit macht und schließlich betont, daß nicht übersehen werden dürfe, daß auch die Strafe, besonders in Verbindung mit der bedingten Strafaussetzung und bei der im Gesetz vorgeschriebenen Art der Strafvollstreckung eine sehr wirksame Erziehungsmaßregel sein kann.

Unter dieser letzteren Würdigung möchte ich die Ansicht vertreten, daß die Strafaussetzung als Erziehungsmaßregel einer Begnadigung durch die Regierung keinen Raum läßt.

Ich bin mir bewußt, daß das Begnadigungsrecht ein Ausfluß des Hoheitsrechtes ist, das durch ein Gesetz nicht beeinträchtigt werden kann, wie die badische Regierung in den Ausführungsverordnungen auch ausdrücklich betont, daß das Begnadigungsrecht von den einschlägigen Gesetzesbestimmungen nicht berührt werde. Da jedermann die Begleitumstände kennt, die bei einer Begnadigung häufig mitspielen, wünschte ich einen Verzicht der Regierung auf Ausübung dieses Hoheitsrechtes, zumal in § 35 Abs. 2 d. G. eine besondere Regelung über den Rechtsbehelf gegeben ist, der den Beteiligten eine genügende Sicherheit gewährt. Es kann jedenfalls vom erzieherischen Standpunkt des Gesetzes aus nicht gebilligt werden, daß ein Jugendlicher, dem u. a. wegen hartnäckigen Leugnens in beiden Instanzen vom Gericht die Strafaussetzung versagt worden ist, auf die Eingabe seines Verteidigers nachträglich begnadigt wird, mit der Begründung, daß die wirtschaftlichen Verhältnisse auch bei einem Unwürdigen einen Gnadenakt rechtfertigen können. Meiner Meinung nach verträgt es sich mit den Aufgaben eines J.G.G. nicht, wenn Tatumstände hierbei berücksichtigt werden, die außerhalb der Person des Täters und seiner Tat liegen.

Zum Schluß lassen Sie mich über die Zusammenarbeit des Jugendgerichtes, des Jugendamtes, freier Vereine und einzelner Helfer kurz auf das hinweisen, was ich oben gesagt habe.

Ich möchte aber bei aller Anerkennung der Tatsache, daß eine praktische Durchführung der Segnungen des J.G.G. ohne die Mitwirkung dieser Kräfte schlechthin unmöglich ist, doch vor allem betonen, daß eine wohldisziplinierte und ineinandergreifende Organisation erforderlich ist, die insbesondere von den Leitern solcher Stellen Opfer verlangt, die sie zweifellos alle gerne bringen, wenn sie daran denken, daß es eine und dieselbe heilige Sache ist, der wir alle dienen.

Ich erlaube mir in dieser Hinsicht auf das leuchtende Vorbild hinzuweisen, welches die hohe und lebenskundige Frau gegeben hat, deren Handeln und Denken bis zum letzten Atemzug der Not unserer Jugend galt, und der sie insbesondere dadurch unschätzbare Dienste geleistet hat, daß sie ein reibungsloses Mit- und Nebeneinanderarbeiten der verschiedenen Konfessionen und Organisationen erstrebt und ermöglicht hat.

Nachdem ich als Jugendrichter erkannt habe, welchen Dank wir ihr hierfür schulden, ist es für mich eine selbstverständliche Pflicht, daß ich auch an dieser Stelle in ehrfurchtsvoller Dankbarkeit dieser hohen Frau gedenke, und wenn ich es tue, so tue ich es gleichzeitig gegenüber denjenigen, die im gleichen Sinne handeln.

Meine Damen und Herren, ich bin am Schluß meiner Ausführungen angelangt. Ich bin mir bewußt, daß ich hier manches vorgetragen habe, was vielleicht besser in kleinerem Rahmen und vor kleinerem Kreis vorgetragen worden wäre, zumal ich hier sozusagen im eigenen Hause spreche. Meine Damen und Herren, wir sind aber nicht hier zusammengekommen, um uns gegenseitig zu sagen, wie schön und gut alles bestellt sei, sondern wir wollen verbessern und weiter arbeiten. Daher: das, was ich gesagt habe, mußte ich sagen, ich habe es nicht gesagt für die Regierung, auch nicht für die Jugendrichter, sondern ich habe es gesagt für die, die mir anvertraut sind und mit denen ich mich eins fühlen muß, wenn ich hier als Jugendrichter spreche.

Und ich kann es sagen, weil ich weiß, daß das, was ich hier bemängelt habe, zweifellos und vielleicht noch schärfer in den übrigen Ländern zutage tritt. Ich darf es schließlich sagen, weil ich mich mit meinen badischen Kollegen, den Jugendrichtern, darin einig weiß, daß unser Justizminister und unser Referent, der aus unseren Reihen hervorgegangen ist, von demselben Geiste beseelt ist, der aus meinen Worten spricht. Und ich habe auch bei wiederholten Unterredungen mit unserem Generalstaatsanwalt — bei der exponierten Stellung dieses Herrn darf und muß ich auch dieses sagen mit Rücksicht auf manches, was ich vorgetragen habe, ohne eine Mißdeutung fürchten zu müssen — dasselbe Empfinden gehabt, daß er gleichen Sinnes mit uns ist und daß auch diese drei Herren mit uns kämpfen, daß die Erscheinungen weichen, die diesem Geiste sich entgegenstellen, bis daß er siegreich durchdringt und es heißen kann: Es walte die Gerechtigkeit, daß die Welt gesunde, die Welt, die hier die unsrige ist, d. h. die Jugend, und damit unser armes liebes Vaterland.

Die praktische Handhabung des deutschen Jugendgerichtsgesetzes.

III. Referat.

Von

E. v. Liszt, Berlin.

Wenn wir die Entwicklung der Jugendgerichtshilfe in den letzten Jahren überschauen, wenn wir uns klarmachen, was wir erreicht haben, dann können wir wohl sagen: das J.G.G. hat uns die Erfüllung unserer alten Wünsche gebracht. Wünsche an den Gesetzgeber haben wir zunächst nicht, wohl aber Wünsche und Forderungen an uns selbst, an die J.G.H. Wenn *A. G. R. Fischer* 1909 auf dem I. Jugendgerichtstag gesagt hat: „Die J.G.H. ist eine der großartigsten Einrichtungen, die wir dem Jugendgericht verdanken", so müssen wir uns heute gestehen, daß wir gar so großartig nicht sind. Wir haben uns wohl im Laufe der Jahre in die Breite entwickelt, es fehlt aber die Entwicklung nach der Tiefe. Das Gesetz gibt uns die Möglichkeit, jedes Kind so zu behandeln, wie es seiner Eigenart, seinen besonderen Verhältnissen entspricht, die Mittel anzuwenden, die gerade für dieses Kind in diesem Augenblick wünschenswert erscheinen, aber, wenn wir fragen, wie es in der Praxis aussieht, so müssen wir, wenn wir ehrlich sind, sagen, es werden bei weitem nicht alle Möglichkeiten ausgeschöpft, es wird nicht jedem Kind sein ganz besonderes Recht, wir lassen es da und dort an der eingehenden Betreuung fehlen, wir sind noch weit davon entfernt, die Absichten des Gesetzgebers wirklich zu erfüllen.

Es ist gut, wenn wir uns das klar vor Augen führen, wenn wir uns über unsere eigene Unzulänglichkeit keiner Täuschung hingeben. Gerade der J.G.Tag will ja Gelegenheit geben, daß einer vom anderen lernen kann, daß wir sehen, wo es besser gemacht wird, daß wir uns die Vorbilder für unsere Arbeit suchen und daß wir dann mit neuem Mut und neuen Anregungen wieder an unsere tägliche Arbeit gehen können.

Zunächst ein Wort über die *Zusammenarbeit von J.G. und J.G.H.*, d. h. dem Jugendamt, den Vereinen und einzelnen Helfern. Diese Zusammenarbeit und Organisation ist verschiedenartig, je nachdem wir es mit der großen, der kleinen Stadt oder dem flachen Land, je nachdem wir es mit dem Norden oder Süden, Osten oder Westen unseres Vaterlandes zu tun haben. Diese Verschiedenartigkeit ist zu begrüßen, gibt sie doch die Möglichkeit, daß das J.G.G. sich in den verschiedenen Verhältnissen auswirken kann; möglichste Beweglichkeit ist durchaus zu wünschen; in einigen Jahren wird es dann Zeit sein, aus den gemachten Erfahrungen heraus allgemeine Richtlinien zu finden.

Wir sehen im wesentlichen vier *Hauptformen* der Organisation der J.G.H., deren Grenzen allerdings oft ineinander übergehen.

1. Da ist zunächst die *J.G.H. beim großstädtischen J.A.*, die meist schon vor dem J.G.G. und dem R.J.W.G. ihre Tätigkeit ausgeübt hat. Die praktische Arbeit wird durch die angestellten Fürsorger und Fürsorgerinnen geleistet unter mehr oder weniger starker Heranziehung von Vereinen und freiwilligen Helfern. Vielfach finden wir die Bezirkseinteilung mit der einheitlichen Familienfürsorge; manchmal dürfte dies System zu starr für die Notwendigkeiten der J.G.H. sein, so, wenn ein männlicher Fürsorger auch die 17- und 18-jährigen Mädchen seines Bezirks zu betreuen hat oder die junge Fürsorgerin den

18—19jährigen Burschen, so daß es bereits vorgekommen ist, daß sich die Eltern über die Besuche der „jungen Mädchen" beschwert haben (unsere Fürsorgerinnen sehen ja oft noch jünger aus, als sie in Wirklichkeit sind). Wir brauchen hier Beweglichkeit, Anpassung an die Verhältnisse, die Möglichkeit, den geeigneten Menschen für den einzelnen Jugendlichen herauszufinden. Wir brauchen daneben eine gewisse Einheitlichkeit im mündlichen und schriftlichen Verkehr mit dem J.G., d. h. wir brauchen *Fachbearbeiter* da, wo uns mehrere Kräfte zur Verfügung stehen; es ist m. E. eine Verschwendung von Zeit und Kraft, die wir uns im Zeichen des Abbaues nicht leisten können, wenn *jede* Fürsorgerin *alles* wissen und können, in alle Einzelheiten dieses oft schwierigen Verkehrs mit den Gerichten eingeweiht werden soll. Es ist angesichts von mancherlei Vorkommnissen nicht überflüssig, den Gemeinplatz erneut auszusprechen: je mehr man sich in ein Gebiet eingearbeitet hat, desto Besseres kann man leisten; daher die Forderung der Fachbearbeiter, die dann aber die Verpflichtung haben müssen, sich auf ihrem Gebiet durch Lektüre, Besuch von Vorträgen und Kursen fortzubilden, die Tagesereignisse in dieser Hinsicht zu verfolgen, um dann auch selbst Anregungen zur Weiterbildung der Arbeit geben zu können.

2. Eine andere Form ist die *J.G.H. beim J.A. in der Mittel- und Kleinstadt.* Hier ist das J.A. oft nur die Vermittlungsstelle der Fälle an die konfessionellen oder anderen Fürsorgeorganisationen, die die J.G.H. im wesentlichen übernommen haben; das J.A. hat sich oft nur die Gerichtsvertretung vorbehalten. Häufig finden wir auch bei diesen Vereinen die angestellten, vorgebildeten Fürsorgerinnen.

3. In der *Kleinstadt* und *auf dem Lande* ist die J.G.H. vielfach erst in den ersten Anfängen; mit dem J.A. ist sie ein Teil des Wohlfahrtsamtes; die praktische Tätigkeit wird von der Kreisfürsorgerin, neuerdings auch von dem Amtsvormund ausgeübt. Zur Unterstützung werden Vertrauensleute in den einzelnen Orten herangezogen, Pfarrer, Lehrer, Mitglieder des Kirchlichen Jugenddienstes usw.; es ist vorgeschlagen worden, für mehrere Orte zusammen *eine* Persönlichkeit dem Richter zu benennen, damit er sich direkt an sie wenden kann, und die Sache nicht infolge der weiten Entfernungen verzögert zu werden braucht. Die Entwicklung ist noch sehr im Werden; es werden noch manche Erfahrungen gemacht werden müssen, ehe man zu einer endgültigen Lösung gelangen kann.

4. Als letzte Form haben wir die förmliche *Delegation* der J.G.H. auf einen Verein nach § 11 R.J.W.G., der dann selbständig arbeitet; diese Form finden wir u. a. in Stuttgart und Bremen. Es sei in diesem Zusammenhang auf Wien verwiesen, wo auch die J.G.H. eine private Einrichtung ist, die sich als solche sehr bewährt hat.

Ebenso verschieden wie die Form der J.G.H. ist die Zusammensetzung ihrer *Mitarbeiter*. Ich möchte hier einen flüchtigen Überblick geben, ohne irgendeinen Anspruch auf Vollständigkeit zu erheben. Da sind zunächst die *amtlichen Fürsorger und Fürsorgerinnen*, die letzteren in der Regel mit der staatlichen Anerkennung als Wohlfahrtspflegerin; bei den ersteren fehlt meist die systematische Vorbildung, viele von ihnen kommen aus der Jugendbewegung. Die *konfessionellen Verbände* der verschiedensten Art sind seit Bestehen der J.G.H. immer von großer Bedeutung gewesen, vor allem in Süd- und Westdeutschland. Dazu kommen die sonstigen *Fürsorgeorganisationen*, die *Frauenvereine*, die *Arbeiterwohlfahrt*, einzelne *Spezialvereine*, wenn auch vielleicht noch nicht in genügendem Umfang, obwohl sie, wie z. B. die Antialkoholvereine, bei der J.G.H. von größtem Wert sein könnten. Auf eine Gruppe möchte ich noch besonders hinweisen, die in letzter Zeit mit Unrecht an Bedeutung für die Arbeit verloren hat, das sind die verschiedenen *Berufsorganisationen*, die *Frieda Duensing* bei Gründung der Berliner J.G.H. zur Mitarbeit zu werben verstand und deren Tätigkeit sehr wertvoll wurde — Vertreter der Kaufleute, der Werkmeister, der Techniker, Studierenden, Eisenbahnangestellten, der Arbeiterorganisationen verschiedenster Richtung. Es würde sich m. E. wohl lohnen, an diese Werbearbeit von neuem heranzugehen. — Es kommen dann eine Reihe von Einzelpersonen in Betracht, die mit dem einzelnen Jugendlichen schon in irgendeiner Form zu tun hatten und die auch für andere Schützlinge zu gewinnen sind: Die Vormünder, Geistlichen, Lehrer, vor allem auch der Fortbildungsschule, die Lehrherren und Arbeitgeber und dann in neuester Zeit die *Vertreter der Jugendbewegung*. Es sind wohl Bedenken gegen diese Mitarbeit laut geworden; diese Helfer seien zu jung, zu unerfahren und zu unreif, um andere Menschen leiten zu können. Und bei der Jugendbewegung selbst finden wir auch noch häufig ein Widerstreben; sie fühlt sich als „Elite" und will nicht gern mit den Niederungen des Lebens in Berührung kommen. Beide Bedenken sind nicht ganz von der Hand zu weisen, aber durch die Praxis an vielen Stellen zerstreut worden; die Schützlinge haben Vertrauen zu ihren nur wenig älteren Freunden gewonnen, sie schließen sich ihnen eher an als den Erwachsenen; sie finden bei ihnen angenehme Gesellschaft, Vergnügen, Anregung, Musik und Natur. Und die jungen Helfer lernen so manches, was sie später im Leben und im Beruf verwenden können; sie sehen das Leben von neuen, wenn auch nicht immer schönen Seiten, sie lernen Verantwortung für andere auf sich nehmen und durch ihr Beispiel auf jüngere Gefährten wirken. In Halle, Frankfurt a. M., Nürnberg, Berlin, Stuttgart sind Versuche mit der Mitarbeit der Jugendbewegung gemacht worden, in Hamburg sind Junghelfergruppen gebildet worden, die einem besonderen Leiter unterstehen.

Diese Zusammenfassung und Leitung der Arbeit durch einen erfahrenen Menschen ist wohl überall zu wünschen, dann aber werden wir gute Erfolge sehen. *Francke* gibt in seinem Kommentar zum J.G.G. auf die Frage, ob wir die genügende Anzahl von Menschen finden werden, die die Aufgabe (der J.G.H.) so ernst nehmen, wie sie genommen werden muß, die Antwort: „Wenn die alte Gesellschaft versagt, dann müssen aus der Jugendbewegung die neuen Kräfte hervorgehen, die wir brauchen. Schon haben einzelne die Aufgabe begriffen, und es ist in ihnen etwas von jener Zuversicht des Gelingens, welche denen innewohnt, die bei ihrem Tun das Mitschreiten der neuen Zeit vernehmen."

Freiwillige Mitarbeit in weitem Umfang ist eine Lebensnotwendigkeit für die J.G.H.; ohne sie kann keine Rede davon sein, die Aufgaben auch nur im entferntesten zu erfüllen. Aber mit der Heranziehung und Schulung, dem Wachhalten eines dauernden, lebendigen Interesses dieser Kräfte ist der Leitung der J.G.H. eine schwere Aufgabe gegeben.

Die Frage der Vor- und Ausbildung der Helfer ist auf dem Internationalen Kinderschutzkongreß 1913 in Brüssel und auf der Kriegstagung der Jugendgerichtshilfen 1917 in Berlin ausführlich erörtert worden, beide Male mit dem Ergebnis, daß wohl eine innere Eignung der Helfer vorauszusetzen ist, daß aber besondere Vorkenntnisse nicht verlangt werden können. Aber der Helfer muß durch Besprechung des Einzelfalls in die Arbeit eingeführt werden; er muß durch gemeinsame Aussprache über die praktische Arbeit und über prinzipielle Fragen, durch Vorträge und Kurse Gelegenheit zur Weiterbildung haben, ebenso durch Drucksachen in kurz gefaßter Form, wie sie von verschiedenen Seiten herausgegeben sind[1]).

Zu all dem gehört die sachverständige Leitung der ganzen Arbeit, sei es durch den Leiter des Jugend- oder Wohlfahrtsamtes, sei es durch die Fürsorgerin; eine solche leitende Persönlichkeit, die die nötige Übersicht und geistige Beweglichkeit und die nötige Bewegungsfreiheit hat, ist für die J.G.-Arbeit unbedingt nötig. Als Ideal wäre hier wohl an die sozial eingestellte, sozial ausgebildete und organisatorisch befähigte Juristin zu denken.

Ich komme nun zur *Zusammenarbeit der einzelnen Stellen im Jugendgerichtsverfahren.*

Nach § 31 J.G.G. sind möglichst frühzeitig die Lebensverhältnisse des Beschuldigten sowie alle Umstände zu erforschen, die zur Beur-

---

[1]) Grundsätze und Winke für die Jugendgerichtshilfe. 11. Auflage 1924. Verlag F. A. Herbig, Berlin (zu beziehen durch die Vereinigung für Jugendgerichte und Jugendgerichtshilfen, Preis 40 Pf.). — Dr. *M. Altenloh* und Dr. *C. Kantorowicz:* Das Jugendamt in der Jugendgerichtshilfe. Argelandersche Verlagsbuchhandlung, Meldorf in Holstein. — Dr. *Engelmann:* Die Ausübung der Jugendgerichtshilfe nach dem Jugendgerichtsgesetz. Caritasverlag, Freiburg i. Br.

teilung seiner körperlichen und geistigen Eigenart dienen können. Dabei ist das J.A. nach Möglichkeit zuzuziehen. Also frühzeitig soll die J.G.H. Mitteilung von dem Strafverfahren gegen einen Jugendlichen erhalten. Zum Teil geschieht dies durch die *Polizei*, so in Hamburg; Thüringen[1]) schreibt vor: § 9: „Der Jugendstaatsanwalt hat darauf hinzuwirken, daß die örtlichen Polizeibehörden möglichst bald den J.Ae. unmittelbar die strafbaren Handlungen Jugendlicher mitteilen". Nebenbei sei hier bemerkt, daß die J.G.H. auch dafür Sorge tragen muß, auch von den Straftaten der Strafunmündigen Mitteilung zu erhalten. Die oben angeführte Thüringer Verordnung schreibt vor: „Ergibt sich in einem Verfahren, daß ein strafunmündiger Jugendlicher an einer Straftat beteiligt ist, so hat die Staatsanwaltschaft es dem J.A. mitzuteilen und die Akten dem Vormundschaftsgericht vorzulegen."

In der Regel aber erfährt die J.G.H. durch die *Staatsanwaltschaft* von der Straftat eines Jugendlichen, und zwar entweder durch Übersendung der Anklageschrift oder, was vorzuziehen ist, durch die Möglichkeit der Akteneinsicht. Nicht genügend geregelt scheint mir diese Mitteilung da, wo der Jugendliche von einem anderen Gericht als dem seines Wohnsitzes abgeurteilt wird; hier erfolgt die Mitteilung an das zuständige J.A. oft erst *nach* der Verurteilung, was durchaus nicht dem Sinn und Wortlaut des Gesetzes entspricht.

Über die *Zusammenarbeit mit dem J.G.* habe ich in den mir zugänglichen Berichten nur Erfreuliches gelesen. An einzelnen Orten, so in Nürnberg und Frankfurt a. M., findet eine Vorbesprechung zwischen J.R., J.G.H., den Vertretern der Fürsorgeerziehungsbehörde, der Vereine statt. Thüringen sagt § 16: „Der Richter soll vor jedem Termintage die einzelnen zur Verhandlung stehenden Fälle mit den Vertretern der J.Ae. und den J.G.-Helfern nach der erziehlichen Seite durchsprechen. An den Besprechungen soll auch der Jugendstaatsanwalt und im Bedarfsfall ein psychiatrisch gebildeter Arzt teilnehmen. Ist ein Verteidiger bestellt, so soll sich der J.R. auch mit diesem besprechen." Die vereinzelt geäußerten Bedenken, daß der Richter durch eine solche Vorbesprechung in seinem Urteil sich festlege, dürfen wohl nicht zu schwer genommen werden; der große Vorzug ist doch der, daß jeder einzelne Fall wirklich gründlich vorbereitet wird. Voraussetzung dazu ist allerdings, daß die J.G.H. ihr Material, den ersten Bericht, bereits vorgelegt hat. Damit komme ich zur *Berichterstattung*, die sehr schwierig ist und daher vielfach noch nicht so, wie sie im Interesse der Jugendlichen sein müßte. Zu fordern ist eine sorgfältige Zusammentragung und Verarbeitung des gesamten über den Jugendlichen vorliegenden Materials. Die Einrichtung einer Generalkartothek — ich denke z. B. an die von *Friedeberg* vor

[1]) Neufassung der Ausführungsverordnung zum Jugendgerichtsgesetz vom 5. 1. 24.

mehr als 20 Jahren angelegte Charlottenburger Kartothek, an die alle amtlichen und privaten Stellen alle Unterstützungen und Fürsorgemaßnahmen zu melden hatten — ist keine Verschwendung, im Gegenteil, sie erspart unendlich viel Doppelbearbeitung, viel Zeit und Mühe und ermöglicht erst ein sachgemäßes Arbeiten. Die *Ermittlungen* in der Häuslichkeit selbst sind eine schwere Aufgabe, eine Kunst, zu der, wie *Frieda Duensing* sagt, „Mitgift von Mutter Natur" gehört. Aber wir können eine gute Ermittlung und doch einen schlechten Bericht an das Gericht haben; zur Berichterstattung gehört Verständnis dafür, was das Gericht braucht, Weglassung der Einzelheiten, Herausarbeiten des Wesentlichen, Anregung für Anordnung und Durchführung von Erziehungsmaßnahmen; in einzelnen Fällen ist ein ganzer Erziehungsplan aufzustellen; es dürfen nicht Vorschläge gemacht, Anregungen gegeben werden, die gegen das Gesetz sind — Bitte um Freisprechung, wenn das ausgeschlossen ist, wenn vielleicht das Absehen von Strafe gemeint ist; die Mitteilung, daß der Geschädigte den Strafantrag zurückgezogen hat, wenn das nach dem Gesetz unmöglich ist.

Der § 28, der *den Ersatz der Untersuchungshaft* durch anderweitige Unterbringung oder Erziehungsmaßnahmen ermöglicht, hat nicht die Bedeutung gewonnen, die man bei Erlaß des Jugendgerichtsgesetzes angenommen hatte; er ist verhältnismäßig selten angewendet worden. Bei den in Untersuchungshaft Genommenen handelte es sich entweder um Jugendliche, die schon eine ganze Reihe von Straftaten begangen hatten, oder um Fürsorgezöglinge, die mehrfach aus den verschiedensten Anstalten entwichen waren, oder um solche Personen, bei denen Verdunklungsgefahr angenommen wurde.

Die Tätigkeit der J.G.H. bei den Untersuchungsgefangenen ist überall ziemlich die gleiche; zunächst wird der Gefangene besucht, dann setzt man sich mit seinen Eltern, seinem Arbeitgeber in Verbindung, versucht, einen Bericht für das Gericht zusammenzustellen, bereitet die Unterbringung nach der Entlassung vor.

Bei der *Hauptverhandlung* ist die J.G.H. überall vertreten, sie wird auch zum Wort zugelassen; das Bedürfnis, sie zum *Beistand* bestellen zu lassen, hat sich nur selten ergeben; der Bericht und die einfache Anwesenheit, die Möglichkeit, gefragt und gehört zu werden, haben meist genügt. Die Gerichtsvertretung selbst ist sehr verschieden geregelt; gerade hier spielen die örtlichen Verhältnisse eine große Rolle; entweder geht der Fürsorger oder Helfer zum Termin, der den Jugendlichen durch Besuch in der Häuslichkeit schon kennengelernt hat und dadurch dem Gericht noch weitere Aufklärungen geben kann, oder wir haben eine *ständige Gerichtsvertretung*, die, wenn sie auch die Fälle meist nur aus den Akten kennt, mit dem Jugendrichter im Laufe der Zeit sich gut eingearbeitet hat, sich daher ohne viel Worte gut mit ihm verständigen kann. Es ist damit auch dafür gesorgt, daß für *jeden* Jugendlichen eine Vertretung da ist, was bei dem ersten System leicht versäumt werden kann. Die weiten Entfernungen, vor allen in den Landbezirken, lassen die Vertretung für jeden einzelnen Jugendlichen durch verschiedene Personen nicht als zweckmäßig erscheinen, dagegen wäre es zu empfehlen, daß *am Orte des Gerichts* eine Persönlichkeit mit der *Vertretung für sämtliche Jugendliche* betraut würde. Das zuständige Jugendamt muß dann, wenn es die Mitteilung vom Termin bekommt, seine Akten zur Gerichtsvertretung an die betreffende Stelle schicken, von wo es sie mit einem *Verhandlungsbericht* zurückerhält. Dieser Verhandlungsbericht sollte nach unseren Erfahrungen so ausführlich wie möglich gehalten werden, damit der Helfer, der sich weiter mit dem Jugendlichen zu befassen hat, einen guten Überblick über die Vorgänge bei der Hauptverhandlung, über das Verhalten des Jugendlichen und seiner Angehörigen erhält. Das bei der Berliner J.G.H. gebrauchte Formular hat sich durchaus bewährt[1]).

Über die *ärztliche Untersuchung* möchte ich nichts sagen, weil darüber in der Aussprache ein Sonderreferat erstattet werden soll.

Der Kernpunkt des Gesetzes, davon sind wir alle überzeugt, sind die *Erziehungsmaßnahmen.* Wir wissen aber auch, daß wir trotz jahrelanger Vorarbeit erst am Anfang unseres Zieles stehen, daß wir noch nicht für jedes Kind die Maßnahmen aussuchen und durchführen, die für seine Persönlichkeit und in seinen Verhältnissen gerade die richtigen sind.

Jch möchte hier nur auf die *Verpflichtungen* und die *Schutzaufsicht*, als die wichtigsten, näher eingehen. Für die Auswahl und Durchführung der besonderen Verpflichtungen ist dem Richter und der J.G.H. weiter Spielraum gelassen; ihre schöpferische Phantasie kann sich entfalten; aus den Berichten ist auch zu ersehen, daß bereits mancherlei Experimente gemacht worden sind. Es kommt dabei allerdings auch vor, daß Verpflichtungen auferlegt werden, deren Durchführung nicht überwacht werden kann — Verbot des Besuchs von Rummelplatz, Wirtshaus, Kino, Rennbahn usw. Wenn das Verbot ungestraft übertreten werden kann, dann wirkt es erziehungswidrig. An Beispielen werden noch erwähnt: Meldung beim Gemeindevorsteher zur Ableistung von gemeinnütziger Arbeit; Aushalten in der Lehrstelle, Umgraben von Gartenland für bedürftige Kleinrentner, Reinmachen der Wohnung bei einer alten Frau, Abgabe eines Teils des Verdienstes für gemeinnützige Zwecke usw. Bei all diesem müßte immer bedacht werden, daß in dem Jugendlichen der *eigene Wille* zur Erfüllung der Verpflichtung geweckt wird, daß er nicht nur unter dem Zwang handelt; kann das nicht erreicht werden, dann ist wohl den Bedenken, die gegen das ganze Verfahren laut geworden sind, zuzustimmen.

---

[1]) Abgedruckt in den „Grundsätzen und Winken“; s. oben S. 35.

Die *Schutzaufsicht* ist die umfassendste Erziehungsmaßnahme, die der J.G.H. gegeben ist. Aber ihr Erfolg hängt ganz davon ab, von wem und wie sie ausgeübt wird. Die Ursachen der Straffälligkeit sind zu ergründen und durch positive Maßnahmen zu bekämpfen, so schlechte Einflüsse durch gute zu ersetzen. Das Ziel muß sein, wie Nürnberg es ausdrückt: „unsere Befürsorgten wieder auf eigene Füße zu stellen". Oder nach dem Berliner Merkblatt: „Das Bestreben des Helfers muß dahin gehen, sich möglichst bald überflüssig und entbehrlich zu machen."

Eine ganze Anzahl der Schutzaufsichten erfordern, wenn sie richtig ausgeführt werden sollen, Zeit, viel Zeit! Es sollen ja nicht „Kontrollbesuche" gemacht werden alle 3 oder 6 Monate, damit ist es nicht getan, sondern es handelt sich um persönliche, erzieherische Einwirkung auf den einzelnen Jugendlichen, unter Umständen um eine allmähliche Umstellung der ganzen Lebensweise. Es kommt aber auch darauf an, die *richtige* Persönlichkeit für den einzelnen Schützling zu finden, denn nicht jeder Mensch kann Einfluß auf jeden Menschen gewinnen. Und weiter: Hat sich jemand gefunden, der für den Jugendlichen der geeignete Helfer ist, dann muß auch die Möglichkeit geschaffen werden, daß er während der ganzen Zeit die Schutzaufsicht behält, sonst ist ein erziehlicher Einfluß nicht möglich; es dürfte zu empfehlen sein, dem Helfer förmlich und ausdrücklich die Schutzaufsicht zu übertragen, damit er von vornherein das Gefühl der Verantwortung für „seinen Jungen", „sein Mädchen" gewinnt.

Es sind wohl unendlich große, schwierige Aufgaben, die das J.G.G. uns auferlegt, und trotzdem sehen wir, daß bereits wieder neue Aufgaben aus den alten herauswachsen, die zum Teil schon in Angriff genommen worden sind, zum Teil in Angriff genommen werden sollen: Die Fürsorge für die 18—21jährigen Straffälligen, für die Strafunmündigen, für die jugendlichen Zeugen, von denen wir morgen hören werden, für die Erwachsenen, die wir ebenfalls vielfach in Verbindung mit der J.G.H. finden. Können wir diese Aufgaben überhaupt übernehmen? Dürfen wir es tun angesichts dessen, daß wir die bisherigen Aufgaben kaum zu erfüllen vermögen? Die Antwort auf die schwere Frage kann nur lauten: ja, wir dürfen eine Entwicklung nicht aufhalten, das Wachstum einer notwendigen Arbeit nicht hemmen. Aber die Frage lautet weiter: *wie* können wir es leisten? Nur dadurch, daß wir alle vorhandenen Kräfte heranzuziehen versuchen, daß wir die Zeit nicht für verloren halten, die wir auf diese organisatorischen Dinge verwenden, daß wir aber die vorhandenen Kräfte auch voll ausnutzen; und das können wir nur, wenn wir jeden Menschen da einstellen, wo er sein Bestes leisten kann. Wir müssen individualisieren, müssen die Bureaukratisierung bekämpfen, die vielfach nicht nur mehr eine Gefahr, sondern eine Tatsache geworden ist. Wir müssen selbständige, leitende Persönlichkeiten finden und ihnen die nötige Bewegungsfreiheit geben, so daß sie nicht über der Einzelarbeit die allgemeinen Probleme aus den Augen verlieren, sondern sich immer bewußt bleiben, daß Kriminalität und Verwahrlosung der Jugend nur Teilerscheinungen des allgemeinen Volkslebens und in diesem Zusammenhang zu verstehen und zu bekämpfen sind. Lassen Sie mich mit einem Wort von *Frieda Duensing* schließen, von der wir immer und überall wieder lernen können: „Aber jedem möchte ich dabei zurufen: habt nur Vertrauen auf die Kraft der Menschenliebe und gebt ihr möglichste Freiheit! Nur nicht Worte, Schema, Statuten, sondern Begeisterung, Hoffnung und — gute Beispiele!"

Die praktische Handhabung des deutschen Jugendgerichtsgesetzes.

IV. Referat.

Von

Stadtpfarrer **Wüterich**, Stuttgart[1]).

Ich bin für den im letzten Augenblick verhinderten Referenten, Jugendpfarrer *Kappes* von Karlsruhe, in die Berichterstattung eingetreten. Nach den drei vorausgegangenen Referaten bleibt mir nur noch einiges zur Ergänzung zu sagen. Wir begrüßen in Württemberg uneingeschränkt die größere Bewegungsfreiheit, welche der JR. durch die §§ 5 und 6, 9 Abs. 4 und 32 des JGG. erhalten hat, die Beschränkung der Öffentlichkeit des Verfahrens, die Anerkennung der JGH. und ihre gesetzliche Einfügung in den Gesamtverlauf des Verfahrens. Als einen Mangel empfinden wir es, daß der *§ 23 Abs. 2* keine Möglichkeit läßt, unter Umständen auch einmal den gesetzlichen Vertreter des Angeklagten abtreten zu lassen. Sein Einfluß auf die Aussagen desselben kann recht hemmend und ungünstig sein; man denke beispielsweise an den Fall, daß der Vater Hehler in einer Diebstahlssache des Sohnes ist. Ähnlich kann es beim Verletzten liegen, dessen zeitweilige Beseitigung aus der Verhandlung wünschenswert sein kann, z. B. in Sittlichkeitssachen.

Zur *Einstellung des Verfahrens* ist zu berichten, daß unter 309 Fällen zwischen dem 1. Januar und 10. September 1924 53 eingestellt worden sind, also 17,15%, und zwar 6 mal wegen § 3 JGG. (11,32%), 30 mal nach § 32, 2, weil schon im Vorverfahren eine Verwarnung erteilt und anzunehmen war, daß das Gericht nach § 9, Abs. 4 von

[1]) Herr Jugendpfarrer *Kappes*-Karlsruhe, der das 2. Referat für die Jugendgerichtshilfe übernommen hatte, wurde durch Krankheit im letzten Augenblick verhindert; in liebenswürdiger Weise sprang Herr Stadtpfarrer *Wüterich* für den Erkrankten ein.

Strafe absehen würde (56,6%), 5 mal wegen mangelnden Strafantrags (9,43%) und 12 mal wegen mangelnden Beweises (22,64%).

Die Verhängung von *Untersuchungshaft* wird in Stuttgart nicht selten abgewendet durch Aufnahme in eine unserer 3 Zufluchtsstätten für Jugendliche, Wichernhaus (junge Männer), Weraheim (ev. Mädchen), und Paulusstift (kath. Mädchen). Diese Aufnahme beruht aber bis jetzt nur auf einer freien Vereinbarung, nicht auf einer regelrechten Einweisung. Wir haben die Kostendeckungsfrage als ungeklärt angesehen. Können Erziehungskosten als Gerichtskosten verrechnet werden? Für die Anstalten wäre das sehr erwünscht. Die Regelung dürfte aber nicht durch § 121, 2 StrGB. bedroht sein, so daß die Anstaltsleitung wegen fahrlässiger Gefangenenbefreiung bestraft werden könnte.

Von Strafe wird bei uns nur in wenigen Fällen *abgesehen*, in dem obengenannten Zeitraum unter 224 zur Hauptverhandlung gekommenen Männlichen nur 10 mal, bei 28 Weiblichen nur 1 mal. Schutzaufsicht wurde nur einmal ohne Zusammenhang mit einer Bestrafung verfügt.

Wegen § *3 JGG.* wurde das Verfahren nur in 3 Fällen eingestellt, davon 2 mal auf Grund der im JGG. erweiterten Fassung des Einsichtsparagraphen. Im einen Fall hat es sich um einen ganz kindischen Diebstahl gehandelt, im anderen Fall um einen in krankhaftem Entwicklungszustand befindlichen Exhibitionisten.

Das Kapitel der *Erziehungsmaßnahmen* ist gar nicht einfach. Wenn die Maßregelung nicht willkürlich erscheinen soll, so muß sie in einem gewissen inneren Zusammenhang mit der Straftat stehen. Auch muß die Befolgung der Auflage nachgeprüft werden können, wenn sie ernst genommen werden soll. Dadurch werden die Möglichkeiten sehr eingeschränkt. Am natürlichsten und verständlichsten ist der Schadenersatz, wenn er für den Jugendlichen erschwinglich ist und eine bequeme Überwälzung auf die Eltern ausgeschaltet werden kann. Unter denselben Voraussetzungen sind auch Geldbußen brauchbar. Der Vorschlag, die Jugendlichen selbst eine gemeinnützige Organisation hiefür wählen zu lassen, etwa bei Sachbeschädigungen einen Verschönerungsverein, bei Körperverletzung eine Heilanstalt, gefällt mir gut, nur sollte von diesen Organisationen aus begreiflichen Gründen die Jugendgerichtshilfe ausgeschlossen sein. Das Wegbleiben von einer bestimmten Gesellschaft oder von einem Verein kann auferlegt werden, nicht aber der Anschluß an einen bestimmten Verein, weil über solche Zwangsmitglieder dieser selbst die Entscheidung haben muß. Hier kann es sich nur um einen Wunsch oder Rat des Richters handeln und um eine gute Verbindung des Jugendgerichts mit der vermittelnden Tätigkeit der JGH. und der ihr angeschlossenen oder befreundeten Organisationen der Jugendpflege und Jugendbewegung. Ein immer stärkeres Eintreten der letzteren in die Mitarbeit in der Jugendfürsorge ist erwünscht. Anspruchslos in ihrer äußeren Art, aber fast immer verwendbar, leicht zu kontrollieren und erzieherisch wirksam ist die Aufgabe, sich seinem Fürsorger in bestimmten Abschnitten zu stellen. Diese Maßregel hat auch den Vorzug, daß sie den Jugendlichen unter den persönlichen sittlichenden Einfluß des Erwachsenen bringt und leicht progressiv gestaltet bzw. erleichtert werden kann. Mit der Überweisung in die Zucht der Erziehungsberechtigten ist nicht viel anzufangen, und die Schule wird sich nach meiner Erfahrung weigern, Erziehungsmaßnahmen im Dienst des Gerichts auszuführen.

Bei *Genossenschaftssachen* ist Abtrennung erwünscht, aber nicht immer durchzuführen. In Württemberg besteht die Aussicht, daß mit den Genossenschaftssachen bald besondere Richter betraut werden. [Ist inzwischen in Stuttgart geschehen.]

Zwischen Anzeige und Anklage verstreicht häufig zu viel Zeit. Wenn das Verfahren auf den Jugendlichen einen Eindruck machen und für ihn verständlich sein soll, muß der Verlauf so prompt als nur möglich sein. Die Angeklagten stehen oft unter der Vorstellung, es sei längst alles erledigt, und nun kommt zur bösen Überraschung die späte Anklage. Haben sie durch die Tat ihre Stelle verloren, so haben sie das verständliche Bestreben, möglichst bald wieder in Arbeit zu kommen. Durch eine verzögerte Behandlung ist ihnen entweder das erschwert, oder sie geraten in Gefahr, durch die Verhandlung eine kaum erhaltene neue Stelle wieder zu verlieren.

Die neuen Bestimmungen über die *Einteilung der Schöffengerichte* haben bei uns keine Begeisterung erweckt. Die Entfernungen bis zum Sitz des Schöffengerichts sind dadurch für Angeklagte, Zeugen und gesetzliche Vertreter zum Teil sehr weit. Schwerer noch wiegt das notgedrungene Auseinanderfallen von Jugendrichter, Vormundschaftsrichter, Jugendamt und Jugendgerichtshilfe.

Da der Segen eines guten *Jugendrichters* nicht bloß in seiner Persönlichkeit, sondern auch in dem Maß seiner Erfahrung und in der Vertrautheit mit den Jugendverhältnissen seines Bezirkes liegt, spreche ich den dringenden Wunsch aus, es möchten Mittel und Wege gefunden werden, daß der Jugendrichter innerhalb seines Referats vorrücken kann und nicht genötigt ist, aus Rücksicht auf seine Familie seine Stelle zu wechseln. Dem möchte ich noch die Bitte an die Justizministerien anfügen, daß den Jugend- und Vormundschaftsrichtern in möglichst entgegenkommender Weise der Besuch von Jugendfürsorgetagungen und die Bekanntschaft und Fühlung mit Jugendgefängnissen und Erziehungsanstalten ermöglicht werden möge.

Das *Zusammenarbeiten zwischen Jugendgericht, Jugendamt, freien Vereinen und einzelnen Helfern* geht bei uns in befriedigender Weise vor sich. Nachdem die Jugendgerichte 1908 eingerichtet wurden und die erste Jugendgerichtshilfe 1910 aus freien Vereinen sich gebildet hatte, arbeiteten diese zunächst zusammen. Von Stuttgart aus wurden 42 JGHen fast in allen Amtsgerichtsbezirken gegründet und diese zu einer Vereinigung der JGHen Württembergs zusammengefaßt. Die Leitung liegt bei der Stuttgarter JGH. Diese letztere ist eine Arbeitsgemeinschaft, an der alle an der Jugendfürsorge interessierten Ämter, Jugendorganisationen und eine Reihe freier Helfer in regelmäßigen wöchentlichen Sitzungen teilnehmen. Im Laufe der Jahre haben sich 6 Jugendsekretariate herausgebildet, die mit Berufsarbeitern beteiligt sind, 2 evangelische für männliche und weibliche Jugend, 2 ebensolche katholische, 1 israelitisches und 1 Arbeiterjugendsekretariat. Das Förderliche dieser Arbeitsweise besteht darin, daß man bei dieser stetigen Berührung zwischen Behörden, Fürsorgeorganisationen und Einzelhelfern auf allen Seiten viel lernt und sich stark auf- und ineinander einarbeitet. Es gibt sich auch von selbst, daß bei diesen wöchentlichen Besprechungen nicht bloß die einzelnen Jugendgerichtsfälle geschickt besprochen und verteilt werden können, sondern daß gelegentlich alle Jugendangelegenheiten, Schwierigkeiten, Sorgen und Wünsche zur Behandlung kommen. Die Verschiedenartigkeit der Weltanschauungen wird nicht verdeckt, sondern ausdrücklich anerkannt, ohne daß man sich darüber je einmal auseinandergearbeitet hätte. Als im Jahr 1919 das Württ. Jugendamtgesetz in Sicht kam, waren wohl Befürchtungen da, das Verhältnis zwischen Behörde und freier Arbeit könnte durch Politisierung oder Bürokratisierung notleiden. Von einzelnen Ausnahmen abgesehen ist nichts Ungutes geschehen. Ähnliches ist von der Einführung des RJWG. im Jahr 1923 zu sagen. Der Zustand ist jetzt so, daß die freien Organisationen unter Fortbestehen ihrer Unabhängigkeit in die Jugendämter eingebaut sind. Die Jugendgerichtshilfe besteht meist als freie Organisation weiter durch Delegation von Seiten des JA. und unter seiner Teilnahme. Ich habe den Eindruck, daß beide Teile dabei gewonnen haben, die Jugendämter können sich auf erfahrene und leistungsfähige Vereine stützen, und die Vereine haben durch Beteiligung an den Jugendämtern und Jugendgerichten an Bedeutung und Arbeitsweite gewonnen.

Aussprache.

O. A. R. Junker-Heidelberg:

Schon vor dem Inkrafttreten des Jugendgerichtsgesetzes wurden im Wege der *Geschäftsverteilung* besondere Strafabteilungen zur Aburteilung von Jugendlichen eingerichtet und diesen Abteilungen auch die Fürsorgeerziehungsverfahren in Baden zugewiesen. Es wurde auch besonderer Wert darauf gelegt, daß in Genossensachen eine Abtrennung der Jugendlichen vorgenommen und die Lebens- und Umweltsverhältnisse in eingehender Weise festgestellt wurden. Wir deutschen Jugendrichter sind dankbar dafür, daß nunmehr das Jugendgerichtsverfahren *gesetzlich* geregelt ist, insbesondere daß Schulkinder nicht mehr vor die Schranken des Gerichts gezogen werden, daß die Verhandlung nicht öffentlich, daß das Strafgericht zugleich Erziehungsgericht ist, und daß es für Jugendliche nur *ein* Gericht gibt, das in das Große und das Kleine Schöffengericht zerfällt.

Die Mitwirkung des Laien im Jugendgericht begrüße ich von dem Standpunkt aus, daß *sachverständige* Laien hinzugezogen werden. Es sollen aber als Jugendschöffen nicht nur Personen ausgewählt werden, die in der Jugendfürsorge oder Jugendpflege tätig sind, sondern auch in der Erziehung tüchtige und bewährte Väter und Mütter, die für die sonstige Beteiligung an der Jugendfürsorge keine Zeit haben. Die Jugendschöffen zeigen viel Verständnis für die Jugendfürsorge, und mancher Schöffe hat sich schon eines Abgeurteilten angenommen und ihn in einer geeigneten Dienst- oder Lehrstelle untergebracht.

Im einzelnen möchte ich folgendes bemerken:

Ersatz der Untersuchungshaft.

Wir haben hier in Heidelberg die Möglichkeit, Jugendliche jeden Alters und Geschlechts zur Verhütung der Untersuchungshaft in Heime unterzubringen. Es gibt aber Fälle (schwere Verbrechen, notorische Ausreißer), in denen den Heimen die Aufnahme nicht zugemutet werden kann. Solche Beschuldigte sind in Untersuchungshaft oder in vorläufigen Fürsorgegewahrsam im Gefängnis zu nehmen; der Aufenthalt im Gefängnis ist dem Aufenthalt in einem Gasthaus oder auf der Straße vorzuziehen.

Erziehungsmittel:

Bei ihrer Auswahl, insbesondere bei Verboten und Geboten, z. B. Wirtshausverbot, Rauchverbot, Kinoverbot u. dgl. ist darauf Rücksicht zu nehmen, daß die Überwachung leicht möglich ist. Wir haben solche Verbote mit Erfolg für in Landorten wohnhafte Jugendliche angeordnet, besonders dann, wenn die Eltern eine Gewähr für die Mithilfe in der Überwachung boten. Wiederholt sind die Eltern zu uns gekommen und haben uns selbst die Übertretung der Verbote seitens ihrer Kinder angezeigt.

Was die *Aussetzung der Strafvollstreckung* anbelangt, so laden wir in jedem Fall den Jugendlichen und seinen gesetzlichen Vertreter nach der Aburteilung zur Bekanntgabe der Auflagen, die er zu erfüllen hat, und zur Verwarnung in besonderem Termin vor. Es kommt sehr selten vor, daß der elterliche Gewalthaber nicht erscheint. Es ist sehr notwendig, daß diese Eröffnung, ebenso wie die Erteilung einer Verwarnung mit besonderem Nachdruck und mit besonderer Feierlichkeit erfolgt. Ich will dem selig entschlafenen Verweis keine lobende Grabrede halten, aber — wenn er so wenig Wirkung gehabt hat, so kommt es meines Erachtens daher, daß die Erteilung leider oft zu oberflächlich gehandhabt und, wie mir bekannt, an manchen Gerichten nicht seitens des Richters, sondern seitens des Gerichtsschreibers erfolgt ist.

Der von Herrn Oberamtsrichter *Müller* erwähnten „*Aussetzung der Strafverfolgung*" möchte ich nicht das Wort reden. Unter einem derartigen Verfahren leidet die Autorität des Gerichts. Es sollte das Verfahren durch Einstellung beendigt werden; hält sich der Jugendliche nicht gut, so können Fürsorgeerziehungsmaßregeln getroffen werden. Kommt die Sache erst später zur Aburteilung, so wird die Verhandlung durch die Länge der inzwischen verflossenen Zeit erschwert.

Im Gegensatz zu Herrn Kollegen *Krall* bin ich der Ansicht, daß die *Begnadigung* als ein Ausfluß des Staatshoheitsrechts auch in Jugendgerichtssachen dem Staat zusteht. Wir Jugendrichter sind froh, daß wir endlich die Aussetzung der Strafvollstreckung zu beschließen haben. Wir erwarten von den Regierungen, daß sie in Begnadigungsfällen den Äußerungen der Jugendrichter, Jugendämter, Anstaltsleiter und Geistlichen die ihnen zukommende Bedeutung zumessen, und daß politische Rücksichten ausschalten.

Auch bei uns haben sich schon oft Mißstände dadurch ergeben, daß den Beteiligten der *Inhalt der Berichte der Jugendgerichtshilfe und die Namen von Auskunftspersonen* bekannt geworden sind. Bei der Akteneinsicht durch die Verteidiger pflegen wir diese jeweils zu bitten, in dieser Richtung mit dem nötigen Takt und der erforderlichen Zurückhaltung vorzugehen. Andererseits sollte man aber auch mehr Bekennermut haben und sich daran gewöhnen, daß man eben geradeso gut wie im Zivilprozeß und im Strafverfahren gegen Erwachsene auch im Jugendgerichtsverfahren und Fürsorgeerziehungsverfahren Auskunft geben muß.

Die *Jugendgerichtshilfe* ist hier in der Weise organisiert, daß eine Zentralisation beim Jugendamt stattfindet, und daß dies die Sachen je nach dem Bekenntnis des Beschuldigten an den evangelischen Jugendfürsorgeausschuß oder den katholischen Fürsorgeverein zur Erhebung weitergibt. In Baden werden die Kriminalanzeigen nicht der Polizei, sondern sofort der Staatsanwaltschaft vorgelegt, und diese ersucht sofort nach Einkunft das Jugendamt um Erhebung der Lebensverhältnisse. Die Polizei hat sich noch immer nicht daran gewöhnt, in den Personalien das Bekenntnis anzugeben, was hier, trotz der gegenteiligen Vorschrift in der Reichsverfassung, unbedingt erforderlich ist, da es davon abhängt, welche Fürsorgestelle die Erhebungen zu machen hat.

Meiner Erfahrung nach hat sich das Jugendgerichtsgesetz, das natürlich Mängel hat wie jedes Menschenwerk, im großen und ganzen sehr gut bewährt, und manche seiner Bestimmungen wird maßgebend sein für die Neugestaltung des Strafgesetzbuches und der Strafprozeßordnung.

Um unser Amt richtig zu verwalten, muß uns Jugendrichtern mehr *Gelegenheit zur Ausbildung*, insbesondere durch Besuch der Tagungen des deutschen Jugendgerichtstags, Besuch von Anstalten und Jugendgefängnissen u. dgl. gegeben werden, denn „der gnädigste Richter von allen ist der Kenner", sagt Schiller in seinen „Kleinen Schriften".

Amtsgerichtsrat Professor Dr. *Hoffmann*-Leipzig:

Es ist darauf hingewiesen worden, daß nach meiner Auffassung es zweckmäßiger sei, wenn Erziehungsmaßnahmen nicht vom Jugendgericht, sondern vom Vormundschaftsrichter angeordnet werden. Dabei gehe ich jedoch davon aus, daß im Regelfalle der Jugendrichter zugleich Vormundschaftsrichter ist. Mein grundsätzliches Bedenken richtet sich also lediglich dagegen, Erziehungsmaßnahmen im Urteil auszusprechen, wenn der Sachverhalt nicht besonders einfach liegt. Durch die Festsetzung im Urteil erhalten Erziehungsmaßnahmen zu leicht den Charakter von Strafen. Daß die Erziehungsaufgabe vom Jugendrichter geregelt wird, entspricht demnach auch meiner Ansicht. Im übrigen habe ich aus den Referaten den Eindruck gewonnen, daß die Praxis jetzt auf einem Umwege dasselbe Ziel zu erreichen sucht, das ich schon auf dem letzten Jugendgerichtstage in Jena als gesetzliche Regelung empfohlen habe, nämlich die Probezeit *vor* das Urteil zu legen, weil in den meisten Fällen nur so Klarheit zu gewinnen ist, inwieweit mit Erziehungsmaßnahmen allein auszukommen ist.

Daß man sich dafür einsetzt, die *Stellung des Jugendrichters* zu heben, ist sehr zu begrüßen. Wir müssen von der falschen psychologischen Auffassung loskommen, als sei der Jugendliche ein „halber Mensch", ergo der Jugendrichter ein „halber Richter". Aber ich bitte nicht zu vergessen, daß dieselbe Förderung auch allen übrigen am Jugendgericht tätigen Beamten gebührt. Ohne besonders befähigte und pflichteifrige Mittel- und Unterbeamte kann ein Jugendrichter nichts erreichen. Es kommt hier oft auf Kleinigkeiten an, die ganze Art, wie der Jugendliche behandelt wird. Wir können aber geeignete Beamte schwer halten, solange die Mehrleistung keine entsprechende Anerkennung in ihrer dienstlichen Stellung findet.

Was die Auswahl der *Erziehungsmaßnahmen* anlangt, so kann ich nicht ohne weiteres in das Lob der Geldbußen einstimmen. Jedenfalls ist große Vorsicht am Platze, damit die Buße nicht etwa die Eltern trifft, statt den Jugendlichen. Auch besteht die Gefahr, daß Jugendliche stehlen, um die Mittel zur Bezahlung zu erlangen, oder daß Mädchen sich gar prostituieren.

Vor allem dürfen wir niemals die Straftat als isolierte Erscheinung betrachten; sie hat immer eine Vorgeschichte und hängt mit der gesamten Charakteranlage zusammen. Sonst besteht die Gefahr, daß wir lediglich an Symptomen herumkurieren. Statt dessen ist stets der *ganze* Mensch zu erfassen. Es gilt, einen Erziehungsplan zu entwerfen, der die gesamte Lebensführung des Jugendlichen umfaßt. Deswegen genügt es nicht, ihm Arbeit zu verschaffen und gute Lehren zu geben, sondern auch seine Freizeit ist in diesem Gesamtplan mit einzubeziehen. Bekanntlich liegen die Ursachen von Verfehlungen Jugendlicher häufig in unzweckmäßiger Verwendung der Freizeit. Eine der wirksamsten Erziehungsmaßnahmen ist daher der Anschluß an eine gutgeleitete Jugendorganisation. Allerdings wäre es bedenklich, in Form einer Erziehungsmaßnahme, den Anschluß an einen bestimmten Verein vorzuschreiben. Wohl aber kann der Jugendrichter bei Anordnung einer Schutzaufsicht erklären, er wünsche, daß der Jugendliche sich einem für ihn passenden Vereine anschließe, indem er die Auswahl dem Jugendlichen selbst und seinen Erziehern überläßt. Der Helfer wird dann beratend in dieser Richtung tätig sein. Am günstigsten liegen die Verhältnisse, wenn der in Frage kommende Verein der Jugendgerichtshilfe angeschlossen ist und der Leiter zugleich die Schutzaufsicht übernimmt.

Eine besondere Schwierigkeit besteht darin, daß der Weg zwischen dem Richter und dem Jugendlichen heute zu weit geworden ist. Die Tätigkeit des Jugendrichters beschränkt sich in der Regel darauf, allgemeine Anordnungen zu treffen, während er auf die praktische Durchführung nur wenig Einfluß hat. Es gibt Fälle, wo das Ehrgefühl des Jugendlichen bereits unter einer Schutzaufsicht leidet und es vollkommen genügt, daß der Wille zur Selbsterziehung wachgehalten wird. Alsdann empfiehlt sich das Meldesystem, wobei dem Jugendlichen die Verpflichtung auferlegt wird, in bestimmten Zeitabständen sich in der Sprechstunde des Jugendrichters einzufinden. In dieser Weise hat der Jugendrichter die Möglichkeit, selbst erzieherisch tätig zu werden. Die Jugendlichen empfinden diese Form als einen Vertrauenserweis, und ihr Ehrgefühl wird geweckt. Ebenso wichtig ist es, daß der Jugendrichter die Gefangenen persönlich aufsucht, mit ihnen ihre Angelegenheit bespricht und sich um ihre Erziehung kümmert. Man glaube nicht, daß die Jugendlichen dies als Belästigung empfinden; sie haben in dieser Zeit meist das Bedürfnis, gerade mit dem Jugendrichter, der die Verhältnisse am besten kennt, sich auszusprechen. Bleibt ein Besuch einmal länger aus, als erwartet, so hört man schon den leisen Vorwurf: „Ich dachte, Sie hätten mich vergessen.“

Die Hauptschwierigkeit liegt darin, daß eine solche Erziehertätigkeit sehr viel Zeit beansprucht. Ein mit Dienstgeschäften überlasteter Jugendrichter ist also dazu gar nicht imstande. Es wird ihm leicht seine Hauptschwungkraft genommen: die Begeisterung und Liebe zur Sache, die letzten Endes den erzieherischen Erfolg verbürgt. Außerdem muß er Gelegenheit haben, mit der Jugend selbst in ständiger Fühlung zu bleiben. In seiner Aufgabe liegt es begründet, daß er vorwiegend mit Jugendlichen aus Arbeiterkreisen und aus dem werktätigen Mittelstande zu tun hat. Um ihnen erzieherisch helfen zu können, genügen theoretische Kenntnisse nicht, so notwendig auch eine Fachausbildung ist, sondern er muß die Lebensformen der normal entwickelten Jugend dieser Kreise kennen, weil er sonst unter falschen Voraussetzungen seinen Erziehungsplan entwirft und die wohlgemeinten Ratschläge für den Jugendlichen wertlos bleiben. Diese persönliche Fühlung darf niemals abreißen, da auch die Lebensbedingungen und Lebensformen der Jugend sich mit der Zeit verschieben. Hier sollte der ideelle Schwerpunkt seiner Berufstätigkeit liegen; denn meiner Überzeugung nach kann der Erzieher immer noch das meiste von der Jugend selbst lernen.

Professor *Müller-Heß* (Bonn) wünscht dringend, daß von der ärztlichen Untersuchung der Jugendlichen mehr Gebrauch gemacht werde. § 3 JGG. verlange die Untersuchung zwar nicht unbedingt, aber sie sollte doch möglichst häufig von einem Psychiater vorgenommen werden, der besonderes Verständnis für die jugendliche Psyche besitzt (§ 31). § 3 JGG. sei nicht zu vergleichen mit § 56 StGB., die *sittliche* Entwicklung spielt eine entscheidende Rolle bei § 3. Das Gebiet der freien Willensbestimmung sei unendlich weit und Feststellungen der Einsichtsfähigkeit daher sehr schwierig. Die Gefahr läge nahe, fast alle psychopathischen Jugendlichen zu exkulpieren. Das müsse vermieden werden, denn gerade für die psychopathischen Jugendlichen bedeute es einen Schaden, wenn sie sich selbst für unzurechnungsfähig halten.

Professor Dr. *Kramer*-Berlin:

Ich stimme Herrn *Müller-Heß* darin bei, daß die Fassung des § 3 eine allzu weite Anwendung in nicht sachverständigen Händen erlaubt. Im ganzen aber möchte ich doch die Formulierung nicht für unzweckmäßig halten und darin einen erheblichen Fortschritt erblicken, daß die einseitig intellektuelle Fassung des § 56 aufgegeben worden ist. Mir scheint, daß der Kreis der nach § 3 zu exkulpierenden Angeklagten unter dem neuen Jugendgerichtsgesetz enger gefaßt werden kann, als das früher der Fall war. Dadurch daß von Strafe abgesehen werden kann und statt dessen Erziehungsmaßnahmen angeordnet werden können, ist die Möglichkeit gegeben, bei psychisch abnormen Angeklagten die für sie unzweckmäßige Bestrafung zu vermeiden, sie den gebotenen Erziehungsmaßnahmen zuzuführen, ohne daß man die pädagogisch oft bedenkliche Exkulpierung des § 3 anzuwenden braucht.

Domkapitular *Bartels*, Präses des katholischen Erziehungsvereins, Sitz Paderborn, E. V.:

1. Unter den Erziehungsmaßnahmen, die dem Jugendrichter zur Verfügung stehen statt der Strafe, wurde sowohl vom Oberamtsrichter *Müller* als auch von Fräulein *von Liszt* der *Schadenersatz* genannt, allerdings nur kurz behandelt, während ich auf Grund einer langjährigen Erfahrung diese Maßnahme zu den erfolgreichsten zähle. Jede widerrechtliche Eigentumsverletzung schafft einen *Zustand* der Ungerechtigkeit, der solange dauert, bis Restitution geleistet wird. Die erste Aufgabe des Urhebers dieses Zustandes ist die Restitution. Von der Verpflichtung kann ihn niemand dispensieren. Das lernen die Kinder in der Schule, und ich habe gefunden, daß selbst die Hilfsschüler (mit denen ich mich jahrelang besonders beschäftigt habe) für diese Forderung des Naturrechtes Verständnis haben. Deshalb befremdet es auch im Volke sehr, wenn ein Dieb mit Gefängnis bestraft wird, ohne daß ihm vom Strafrichter Restitution auferlegt wird.

Bei Jugendlichen muß natürlich gesorgt werden (die Schutzaufsicht ist dazu imstande), daß nicht der Vater, sondern der Jugendliche selbst, durch Abzug von seinem Taschengelde, Restitution leistet.

2. Die *Schutzaufsicht* muß konkrete Form haben, z. B. die Auflage, daß der Arbeitslohn des Jugendlichen vom Erziehungsberechtigten in Empfang genommen wird. Der Fürsorger bestimmt in Gemeinschaft mit dem Erziehungsberechtigten das wöchentliche Taschengeld. Einmal monatlich muß der Jugendliche seinen Fürsorger besuchen zu der von diesem bestimmten Zeit.

3. Zur Förderung des einmütigen Zusammenarbeitens der Jugendrichter mit den Erziehungsanstalten wird es wesentlich beitragen, wenn die Richter zuweilen die Anstalten ihres Bezirkes besuchen, nicht nur um die Einrichtungen kennen zu lernen, sondern auch sich zu überzeugen, in welchem Geiste dort gearbeitet wird.

Magistratssyndikus Dr. *Kantorowicz*-Kiel:

Die Verurteilung zu einer Freiheitsstrafe unter Aussetzung der Vollstreckung, damit der Verurteilte sich durch gute Führung während einer Probezeit Straferlaß verdienen kann, ist zwar im technischen Sinn keine Erziehungsmaßregel, hat aber die praktische Bedeutung einer solchen und wird auch oft um ihrer erzieherischen Wirkung willen angewandt. Es ist mißlich, daß dieser Charakter der Verurteilung zu einer Freiheitsstrafe unter Aussetzung der Vollstreckung aufs äußerste dadurch bedroht wird, daß eine solche Verurteilung in das *Strafregister* und die polizeilichen Listen eingetragen wird und infolgedessen in den polizeilichen Führungszeugnissen erscheint. In vielen Fällen, in denen die Verurteilung zu einer Freiheitsstrafe unter Aussetzung der Vollstreckung aus erzieherischen Gründen zweckmäßig ist, sind die schädlichen Folgen, die für das Fortkommen des Jugendlichen mit der Eintragung der Verurteilung in die polizeilichen Führungszeugnisse verbunden sind, höchst unerwünscht, und es ist daher zu erstreben, daß eine solche Verurteilung während des Verlaufs der Probezeit und im Falle der Bewährung in die polizeilichen Listen nicht eingetragen wird. Bis zu einem gewissen Grade ist das für *alle* Verurteilungen dieser Art, bei Erwachsenen wie bei Jugendlichen, wünschenswert, es dürfte aber für Jugendliche besonders dringlich sein. Ob eine solche Beschränkung der Registrierung oder Auskunftserteilung generell oder nur auf Grund eines besonderen Ausspruches des erkennenden Gerichts erfolgen soll, ob bei Jugendlichen die generelle Beschränkung, bei Erwachsenen die Beschränkung auf Grund besonderen Ausspruches des Gerichts vorzuziehen ist, möchte ich im Augenblick unerörtert lassen.

Für die Beurteilung eines jugendlichen Täters, für die Wahl der anzuwendenden Maßregeln ist es wesentlich, ob der Jugendliche bereits früher eine strafbare Handlung begangen hat, und mit welchem Erfolg bereits mit ihm verfahren wurde. Ist der Jugendliche früher rechtskräftig zu einer *Strafe* verurteilt worden, so ergibt sich das aus dem Strafregisterauszug. Völlig dem Zufall überlassen ist aber die Kenntnis von einer vorangegangenen Anordnung und Durchführung einer ohne Verurteilung zu einer Strafe angeordneten *Erziehungsmaßregel.* Handelt es sich um einen seßhaften Jugendlichen, und ist die Zusammenarbeit zwischen Jugendgericht und Jugendamt gut, dann kann das Jugendgericht durch die Mitteilungen des Jugendamts auf die früheren Vorgänge hingewiesen werden. Um aber für alle Fälle die Kenntnis des Jugendgerichts — und des Jugendamts sowie des Vormundschaftsgerichts — über frühere Straftaten des Jugendlichen sicherzustellen, erscheint es wünschenswert, daß auch die ohne Verurteilung zu einer Strafe erfolgende Anordnung von Erziehungsmaßregeln an irgendeiner Stelle, am besten auch bei der Strafregisterbehörde, *registriert,* und daß über diese Registrierung den Gerichten und Jugendämtern Auskunft erteilt wird. Diese Ausdehnung der Registrierung und jene Einschränkung der Auskunftserteilung scheinen mir einem Bedürfnis der Praxis bei der Handhabung des Jugendgerichts zu entsprechen.

Ist im Wege der polizeilichen Strafverfügung eine Geldstrafe gegen einen Jugendlichen festgesetzt, dann kann der Jugendrichter nach § 40 JGG. die Geldstrafe nur in Haft umwandeln, er hat aber nicht die Möglichkeit, die durch polizeiliche Strafverfügung festgesetzte *Geldstrafe in eine Erziehungsmaßregel umzuwandeln.* Mag auch eine solche Umwandlung einer Strafe in eine Erziehungsmaßregel zunächst der Dogmatik widersprechen, so müssen wir doch diesen Widerspruch hinnehmen, wenn eine solche Umwandlung erwünscht ist. Das ist aber der Fall. Die polizeilichen Strafverfügungen scheinen unentbehrlich zu sein. Es sei nur an die Schulversäumnisse von Fortbildungsschülern erinnert. Der Wert der polizeilichen Strafverfügungen soll in vielen Fällen in ihrer Schnelligkeit liegen; er wäre gefährdet, wenn vorher langwierige Ermittlungen über die Lebensverhältnisse des Jugendlichen angestellt würden. Es erscheint mir aber dringend erwünscht zu sein, wenigstens für das spätere Verfahren dem Jugendrichter die Möglichkeit zu geben, die festgesetzte Geldstrafe durch eine Erziehungsmaßregel zu ersetzen, statt sie in eine Haftstrafe umzuwandeln.

So fehlerhaft es wäre, bedingungslos zu fordern, daß das Jugendgericht in allen Fällen selbst die Erziehungsmaßregeln anordnet, so fehlerhaft wäre es doch auch, als Regel aufzustellen: Das Jugendgericht soll sich darauf beschränken, auszusprechen, daß Erziehungsmaßregeln erforderlich sind, ihre Auswahl und Anordnung aber dem Vormundschaftsgericht zu überlassen. Daß ein Landgerichtspräsident den ihm gemachten Vorschlag, „seitens der Justizverwaltung bei den Jugendgerichten erster Instanz allgemein anzuregen, daß in Fällen des § 5 Abs. 2 JGG. in der Regel nur Erziehungsmaßregeln für erforderlich erklärt werden, ihre Auswahl und Anordnung aber dem Vormundschaftsgericht überlassen bleibt", einem Jugendgericht seines Bezirks „zur Kenntnisnahme mit dem Anheimgeben der Berücksichtigung" mitteilt, ist ein sehr bedenkliches Verfahren. In der Sache selbst ist darauf hinzuweisen, daß der Verzicht des Jugendgerichts auf die Auswahl der Erziehungsmaßregeln die Ausschaltung der Jugendschöffen bei dieser Auswahl zur Folge hat. Die Auswahl der Erziehungsmaßregeln wird dann lediglich dem gelehrten Vormundschaftsrichter überlassen. Es hatte aber doch wohl seinen besonderen Grund, daß selbst für die im übrigen schöffenlose Zeit vom 1. Januar bis 31. März d. J. die Jugendschöffen beibehalten wurden. Man wollte offenbar den gelehrten Richter nicht allein der Aufgabe gegenüberstellen, geeignete Erziehungsmaßregeln für die jugendlichen Täter auszuwählen. Es wäre interessant gewesen, etwas darüber zu hören, wie sich die Jugendschöffen, die ja eine Art Spezialschöffen sind, als solche bewährt haben, und nach welchen Grundsätzen im allgemeinen die Auswahl getroffen wird. Nur auf einen Punkt sei in diesem Zusammenhang hingewiesen:

Nach einem Reichsgesetz zur Vereinfachung der Urliste vom 11. Juli 1923 ist die Vorlegung einer beschränkten Urliste für die Auswahl der Schöffen zugelassen, die lediglich Namen mit bestimmten Anfangsbuchstaben oder Namen der Bewohner bestimmter Straßen enthält. Viele Großstädte werden von dieser Vereinfachung der Urliste Gebrauch machen. Es ist zweifelhaft, ob die Jugendämter angesichts einer solchen vereinfachten Urliste die Möglichkeit haben, Personen als Jugendschöffen vorzuschlagen, die zwar schöffenfähig sind, aber nicht in der vereinfachten Urliste stehen. Der preußische Justizminister hat sich in einem Erlaß vom 28. April d. J. sehr vorsichtig ausgedrückt: „Es wird . . . der Standpunkt vertreten werden können, daß in den Gemeinden, die eine beschränkte Urliste vorlegen, zu Jugendschöffen vorgeschlagene Personen nicht deshalb von der Wahl auszuschließen sind, weil sie in dieser Liste nicht aufgeführt sind." Die ganze Frage bedarf aber m. E. einer eindeutigen gesetzlichen Regelung.

Schließlich noch ein Wort zur Richterausbildung. Für die Tätigkeit, bei der es sich nicht um Subsumtion, sondern um Gestaltung der Zukunft handelt: vormundschaftsgerichtliche Maßnahmen, Auswahl von Erziehungsmaßregeln und Strafen, Begnadigungen, bietet die regelmäßige Ausbildung des gelehrten Richters keinerlei Vorbereitung. Es genügt nicht, daß, wie es heute schon an manchen Orten geschieht, Referendaren Vorträge über Jugendfürsorge gehalten werden, sondern es muß immer wieder gefordert werden, daß die Juristen während eines bestimmten Abschnittes ihrer Ausbildung praktisch in der Wohlfahrtspflege und in der Jugendfürsorge arbeiten und zwar nicht nur in den Amtsstuben der Wohlfahrts- und Jugendämter, sondern im Außendienst, damit sie auf Grund lebendiger Eindrücke die Zweckmäßigkeit, Durchführbarkeit und Wirkung der verschiedenen Maßnahmen beurteilen können.

Amtsgerichtsrat *Francke*-Berlin:

Im Gegensatz zu der Schrift von *Noppel* über die „Jugendzeit" (1921), die das vollendete 18. Lebensjahr zum maßgebenden Zeitpunkt auf allen Gebieten des Jugendrechts machen wollte, hat das RJWG. die Bedeutung der Altersgrenze von 18 Jahren abgeschwächt und die Altersgrenze von 21 Jahren in den Vordergrund gestellt. Auch die Minderjährigen im Alter von 18—21 Jahren haben einen öffentlich-rechtlichen Erziehungsanspruch; sie können noch unter Schutzaufsicht und — bis zu 20 Jahren — unter Fürsorgeerziehung gestellt werden. Es gilt, mit diesem Grundsatz auch gegenüber den straffälligen Achtzehnjährigen Ernst zu machen. Das bedeutet: der Kampf gegen die Kriminalität der Achtzehnjährigen ist nicht nur mit strafrechtlichen Mitteln, sondern durch eine Zusammenfassung strafrechtlicher und erzieherischer Mittel zu führen. Das grundsätzliche Bedenken, daß sich Erziehungsmaßnahmen bei Achtzehnjährigen nicht lohnen, ist nicht begründet. Viele Achtzehnjährige stehen infolge verzögerter Entwicklung seelisch noch auf dem Standpunkt der Jugendlichen. Der nicht zurückgebliebene durchschnittliche Achtzehnjährige unterscheidet sich zwar von dem Jugendlichen, ist aber ebenfalls noch unfertig und für erzieherische Einwirkungen nicht unempfänglich, ja in gewisser Hinsicht sogar zugänglicher als der Jugendliche. Die gegenwärtige Behandlung der Achtzehnjährigen ähnelt stark der Behandlung der Jugendlichen vor der Einrichtung der Jugendgerichte im Jahre 1908: hier der Strafrichter ohne Erziehungsbefugnisse und ohne Fühlung mit der Jugendfürsorge, dort der Vormundschaftsrichter ohne Fühlung mit dem Strafverfahren. Die Abhilfe muß erfolgen — unter Wiederholung des Schrittes von 1908 — durch eine Personalunion zwischen Strafrichter und Vormundschaftsrichter, wobei zweckmäßig in Anlehnung an § 63 Abs. 2 RJWG. die Altersgrenze beim vollendeten 20. Jahre zu ziehen ist. Das Bedenken, gegen diese Altersgrenze sei bei ihrer starken Kriminalität keine Milde, sondern volle Strenge am Platze, greift nicht durch. Es handelt sich nicht darum, die Behandlung der Achtzehnjährigen grundsätzlich zu mildern, sondern die Strafrechtspflege durch Erziehungsfürsorge zu ergänzen und mit den Mitteln der Jugendgerichtshilfe eine bessere Individualisierung der Maßnahmen zu ermöglichen. Allerdings hat die hier vorgeschlagene Neuregelung die Ausschaltung zweier Strafen für die Minderjährigen zur Voraussetzung: der Todesstrafe und der Zuchthausstrafe. Diese Strafen sind mit den Grundgedanken der Jugendfürsorge nicht vereinbar, da sie einseitig den Schutz der Gesellschaft ohne Rücksicht auf das Interesse des Rechtsbrechers verfolgen, während das moderne Jugendstrafrecht mit dem Schutz der Gesellschaft die persönliche Förderung des Minderjährigen bis zum äußersten zu vereinigen sucht. Schon jetzt schreckt man vor der Vollziehung des Todesurteils gegen einen Minderjährigen zurück; es kann und muß daher auch die Androhung der Todesstrafe gegen ihn fallen. Zuchthausstrafen werden dagegen gegen Minderjährige gegenwärtig in erschreckendem Umfang vollstreckt. Die Vereinigung für Jugendgerichte und Jugendgerichtshilfen hat in den letzten Wochen eine Umfrage veranstaltet, wieviel Personen sich in den Zuchthäusern befinden, die wegen im Alter von 18—21 Jahren begangener Straftaten verurteilt sind. Auf einen einzigen preußischen Strafvollzugsbezirk entfallen danach allein 238 Männer und 21 Frauen, auf einen anderen Bezirk 201 Männer. Haben wir das Recht, minderjährigen, also unfertigen Menschen das schwerste Brandmal aufzudrücken, über das die Gesellschaft verfügt? Wäre das Urteil in allen Fällen ebenso ausgefallen, wenn die Jugendgerichtshilfe die Lebensschicksale und die persönliche Eigenart des Minderjährigen erforscht hätte? Wie die hier vorgeschlagene Reform im einzelnen durchzuführen ist, kann hier nicht untersucht werden. Eine Übertragung der §§ 3, 6 und 9 JGG. auf die Achtzehnjährigen wird nicht gefordert; vielmehr erscheint die Aufstellung eines besonderen Strafrahmens für diese Altersgruppe angezeigt. Auch ohne Gesetzesänderung kann auf dem Boden des geltenden Rechtes ein wesentlicher Schritt vorwärts getan werden: es besteht die Möglichkeit, durch die Geschäftsordnung die zur Zuständigkeit des Einzelrichters gehörigen Strafsachen gegen Personen, die zur Zeit der Tat mindestens 18, aber noch nicht 20 Jahre alt waren, auf den Jugendrichter zu übertragen.

Sanitätsrat Dr. *Schnitzer*-Stettin:

Es wird im Hinblick auf § 3 JGG. empfohlen, wenn irgend möglich, einen psychiatrischen Sachverständigen zu hören. Um dem Jugendrichter die Ermittlung der hierzu geeigneten Fälle zu ermöglichen, soll ihm Gelegenheit gegeben werden, in regelmäßigen Lehrgängen sich eine genügende Sachkunde in der Psychiatrie zu erwerben. Auch für die Jugendstaatsanwälte und Jugendschöffen erscheint Sachkenntnis in der Psychiatrie wünschenswert.

Gerichtsrat *Allmenröder*-Frankfurt a. M.:

Es ist wiederholt gefordert worden, Jugendrichter und Jugendschöffen sollten sich psychiatrisch ausbilden. Ich habe mich schon auf dem 1. Jugendgerichtstag 1909 gegen diese Forderung gewehrt, weil sich so nebenher wirklich wertvolle Kenntnisse auf diesem Gebiet nicht erwerben lassen, aber etwas sehr Wertvolles dabei verloren geht: das ist der unbefangene Blick für das Normale oder Unnormale der Jugendlichen.

Gräfin *Bose*-Weimar:

1. In Weimar und an vielen Stellen Thüringens werden alle Fälle direkt von der Polizei durch Aktenzusendung gemeldet.

2. Die Schulschwänzer werden von der Berufsschule dem Jugendamt gemeldet, werden von diesem verwarnt und beobachtet.

3. Alle Anzeigen gegen Jugendliche im vorstraffälligen Alter kommen gleich ans Jugendamt und werden dort fürsorgerisch behandelt.

4. Ein kleines Unterbringungsheim ist von der Referentin in Weimar geschaffen für die aufgegriffenen Jugendlichen, diejenigen, für die im Augenblick kein Platz ist in der FE.-Anstalt und für die Untersuchungsgefangenen.

5. Der etwa 50 Personen umfassende Helferkreis rekrutiert sich aus *allen* Berufen vom Arbeiter bis zum verabschiedeten General.

6. Große Schwierigkeiten macht die Durchführung der Erziehungsmaßnahmen, vornehmlich der Schutzaufsicht. Die Ladungen, die Besuche, die Unterbringung fruchten in manchen sehr schweren Fällen nicht. Die Entziehung des Rechtes zur Bestimmung des Aufenthaltsortes, herausgenommen aus dem ganzen Sorgerecht, könnte helfen. Der Strafaufschub müßte immer mit der Schutzaufsicht verbunden sein.

Landgerichtsdirektor *Schimmack*-Berlin:

Die Überweisung aller Sachen, in denen Jugendliche von 18—21 Jahren als Mitbeschuldigte beteiligt sind, an den Jugendrichter würde eine so große Zahl von Strafsachen dem JR. zuführen — fast alle Komplicensachen mit 5 und mehr Beschuldigten fielen darunter —, daß sein Arbeitsfeld zu groß würde.

Schließlich: die heutigen Referate und die Diskussion haben eine Reihe von juristischen Zweifeln und Widersprüchen ergeben, die mir den Wunsch nahelegen, daß die juristischen Mitglieder der Vereinigung sich bald darüber auseinandersetzen möchten, denn verschiedene Vorschriften des JGG. sind bahnbrechend, sie sind von symptomatischer Bedeutung für die kommenden Reformen des StGB. und der StPO., deshalb ist auf möglichste Klärung aller Zweifelsfragen zu dringen. Einer der wichtigsten Punkte ist die Strafaussetzung. Heute steht hinter der gesetzlichen Strafaussetzung des JGG. die im Verwaltungswege den Gerichten übertragene Strafaussetzung im Gnadenwege; diese Tatsache verdient um so größere Beachtung, als die letztere Strafaussetzung, die von den idealsten Gedanken getragen, verordnet wurde, in der Praxis z. Z. von geradezu verheerender Wirkung geworden ist, die den geordneten Strafvollzug illusorisch macht.

Dr. *Marie Baum*-Karlsruhe:

Die Verhandlungen des gestrigen und des heutigen Tages sind für uns Vertreter einer *einheitlichen* Fürsorge insofern schmerzlich, als auf dem Gebiete der Fürsorgeerziehung sowohl wie der Jugendgerichtshilfe von seiten vieler Redner die spezialistische Behandlung als etwas Erforderliches betrachtet wurde. Wir arbeiten auf der anderen Seite dahin, daß die Beurteilung eines Jugendlichen nach Anlagen und Umwelt nicht auf der Grundlage einer einmaligen Ermittlung, sondern auf der Grundlage eines schon vorhandenen Vertrauensverhältnisses zwischen Familie und den Organen der Fürsorge erfolge. Die einmalige Ermittlung — so habe ich es schon oft ausgesprochen und muß es wieder aussprechen — ist der Tod der Fürsorge. Wie eine reife Frucht sollte auch dem Jugend- und Vormundschaftsrichter der Bericht über Anlagen und Umwelt des Minderjährigen, mit dem er zu tun hat, aus der Bezirksfürsorge zufallen.

Ich bitte dabei zu beachten, daß Erörterungen über Erziehungsfragen von den Eltern eines Jugendlichen stets als ein Eingriff in ihre Machtsphäre empfunden und der Ermittler oder die Ermittlerin bei Fragen, die dieses Gebiet berühren, als Eindringling, wenn nicht als Feind betrachtet werden. Dagegen gilt die Fürsorgerin, soweit sie sich mit den Müttern über gesundheitliche Fragen berät oder wirtschaftliche Nöte erleichtern kann, als eine wahre Helferin; und es erwächst aus diesem Verkehr, der vielleicht schon mit der Säuglingsfürsorge in dieser Familie einsetzte, später die Kleinkinder und Schulkinder mit umfaßt, ein vertrauliches Verhältnis, von dem aus *dann* auch in ständig wachsendem Maße Einfluß auf dem Gebiet der Erziehung gewonnen werden kann. Tritt nun ein Kind aus einer solchen Familie, sei es als kriminell geworden, sei es als Mißhandeltes oder Mißhandelndes mit den Organen des Jugendamts, der Jugendgerichtshilfe usw. in Berührung, so wird ein richtig treffendes Urteil unschwer gewonnen werden. Auch der scharfsichtigste Jugendrichter aber ist auf die Berichte angewiesen und ihm muß alles daran liegen, daß diese Grundlage sicher und gut ist. Schon aus diesem Grunde ist die im RJWG. getroffene Regelung, die Jugendgerichtshilfe zu einem Teil des Jugendamts zu machen, die allein richtige, und noch vorhandene Überbleibsel der Angliederung der Jugendgerichtshilfe an das Jugendgericht sollten endlich fallen.

Frieda Duensing, die schon von Fräulein *von Liszt* angeführt wurde, erweiterte *Köhnes* gutes Bild, daß Jugendgericht und Jugendgerichtshilfe nebeneinander wie Mann und Frau in der Ehe wirken sollten, durch das, wie sie sagt, „frauenrechtlerische Schwänzchen: Mit voller Gleichberechtigung der Ehefrau".

Noch ein Wort zur Mitarbeit der Jugendbewegung, die ich außerordentlich hoch einzuschätzen bitten möchte.

Bei der Leitung der sozialen Frauenschule Hamburg fiel uns immer wieder auf, wie unsere jungen Schülerinnen in erstaunlicher Weise den rechten Ton mit gefährdeten Mädchen fanden, so daß wir die Meinung gewannen, das schwesterlich-brüderliche Prinzip sei in der Beeinflussung solcher Gefährdeten mindestens so hoch einzuschätzen wie das mütterlich-väterliche.

Direktor Dr. *Lückerath*-Euskirchen
spricht gegen die Halbbildung der Schöffen. Er weist darauf hin, daß die Achtung vor dem Gericht bei den Jugendlichen sehr im Schwinden begriffen ist und bittet um Gegenmaßnahmen. *L.* bittet die Jugend- und Vormundschaftsrichter, recht häufig die Erziehungsanstalten zu besuchen.

Landesgerichtsrat *Fiala*-Wien:
Ein großes Gewicht wird bei uns in Österreich auch auf den Strafvollzug gelegt, der in vorbildlicher Weise in dem mit dem Jugendgerichte in Verbindung stehenden Jugendgefangenhaus durchgeführt wird. Die Jugendlichen verbringen den Tag in Arbeitssälen bei nützlicher Beschäftigung (Gartenarbeit, Spielwarenerzeugung, Schuhmacherei usw.) oder in Schulräumen und befinden sich nachts in Einzelzellen. Sie werden in freien Stunden durch körperlich und geistig anregende Spiele beschäftigt und dürfen bei zufriedenstellender Aufführung im Garten die Mittagszeit verbringen. Der Vorstand des Jugendgerichtes ist der oberste Chef des Gefangenhauses und wird durch pädagogische Organe in der Arbeit unterstützt. Die Jugendrichter haben stets Zutritt zu den Jugendlichen, wie auch die Organe der Jugendgerichtshilfe, die dadurch in die Lage kommen, für die Unterbringung des Jugendlichen nach Strafverbüßung zu sorgen. Weiter haben wir aus eigener Kraft ein Jugendheim in Judenau geschaffen, wo 35 bis 40 Jugendliche nach Strafverbüßung bis zur Unterbringung in Lehre oder Arbeit unter erzieherischer Aufsicht aufgenommen werden können.

Wenn wir auch, was die Organisation des Jugendgerichtes, des Strafvollzuges und der Jugendgerichtshilfe betrifft, einen Vergleich mit keinem anderem Lande zu scheuen haben, so fehlt uns noch das Jugendstrafrecht. Wir werden im heurigen Herbst darangehen, dieses Jugendstrafrecht zu bekommen. Hiebei werden uns die Beratungen des deutschen Jugendgerichtstages sehr wichtige Winke geben, und ich danke der Vereinigung, daß wir an ihren Beratungen teilnehmen konnten.

Grete Löhr, Leiterin der Geschäftsstelle der Wiener Jugendgerichtshilfe beim Jugendgericht Wien:
Unsere Wiener Jugendgerichtshilfe, von welcher ich Ihnen die allerherzlichsten Grüße zu übermitteln habe, bewegt sich im großen ganzen auf durchaus verwandten Bahnen wie die Berliner Jugendgerichtshilfe und die Jugendgerichtshilfseinrichtungen anderer deutscher Großstädte. Bei aller Gemeinsamkeit der Ziele zeigen sich in der Arbeit doch vielfach Unterschiede — durch die Individualität des Volkscharakters und die Verschiedenheit der Verhältnisse bedingt. Gerade dadurch ergeben sich wechselseitige fruchtbare Anregungen.

Wir haben in Österreich und namentlich in Wien *das* Jugendgericht mit seinen Fürsorgeeinrichtungen, wie es Ihr unvergessener Vorkämpfer *Paul Köhne* in seinen Entwürfen als Schutz-, Fürsorge- und Erziehungsgericht gezeichnet hat. Bei unserem Wiener Jugendgericht überwiegt durchaus der Pflegschaftscharakter. Wir haben die Personalunion von Jugendrichter und Vormundschaftsrichter. Die Strafgerichtsbarkeit wird als ein unentbehrlicher Bestandteil der Erziehung ausgeübt und der Straf*vollzug* von Monat zu Monat fortschreitend erziehlicher, fürsorglicher und rein pädagogisch gestaltet. Das intensive Zusammenwirken von Jugendgericht, Fürsorge resp. JGH. und Heilpädagogik funktioniert außerordentlich gut, und zwar ganz gleichmäßig für die straffällig gewordene Jugend, wie für die Pflegschaftssachen der gefährdeten und verlassenen Jugend. Es ist hier der Wunsch ausgesprochen worden, daß die JGH. sich mehr mit strafunmündigen Kindern beschäftigen möge. Durch den Charakter unseres Jugendgerichtes befaßt sich die Wiener Jugendgerichtshilfe ganz besonders mit diesen, sowie mit den mißhandelten und überhaupt durch Erwachsene in irgendeiner Weise, sei es in sittlicher, sei es in materieller Beziehung geschädigten Kindern. Die gemeinsame Arbeit wird in ganz unmittelbarem Verkehr geleistet, da Jugendgericht, Jugendgerichtshilfe und Jugendgefangenhaus sich in einem Gebäude befinden, in welchem auch mehrmals in der Woche die Beratungen mit den Heilpädagogen stattfinden.

Die letzten Jahre waren sehr bedeutsam für die Jugendfürsorge. Die schweren Zeiten, durch die wir hindurchgehen mußten und in denen wir stehen, sind gute Lehrmeister gewesen. Sie haben uns den ganzen Ernst und die volle Verantwortlichkeit deutlicher denn je gezeigt, mit welcher Jugenderziehung — zumal die Nacherziehung der Schwererziehbaren genommen werden will. In dieser furchtbaren Nachkriegszeit mit ihrer Entsittlichung der Jugend — mit dem unheimlichen Schwinden der Rechtsbegriffe und einer ans Dämonische grenzenden Entfesselung roher Instinkte, die zur Anhäufung von Mord und Entartung führen — sind manche Kreise aufgerüttelt worden, die früher verständnislos oder gleichgültig an Jugendnot vorübergegangen sind. — Auch geht ein neuer Geist durch unsere Jugendbewegung. Die bisher Behüteten — die Jugend aus Intelligenzkreisen, ist vielfach aus ihrem Sicherheitsgefühl des bisherigen Kollektivegoismus erwacht — zum Bewußtsein ihrer Menschenpflicht und Mitverantwortung für die Kinder des Elends. — Und so finden wir in der Jugendfürsorge, trotz aller Not der Zeit, neue Bundesgenossen im Kampf gegen die Verwahrlosung der Jugend unter Studenten, Lehrern und Arbeitern.

Die sog. „Jugendkriminalität“ ist bedeutend zurückgegangen. Und wir können eine erfreuliche Tatsache konstatieren: jene Jugendlichen, deren Erscheinen vor Gericht in der Kriegszeit typisch für die Verelendung von Volksschichten war, die vorher niemals mit dem Gesetz in Konflikt geraten sind, kommen *nicht* mehr als Straffällige zu uns. Die langsam aber stetig fortschreitende wirtschaftliche Genesung, die Erhöhung der Arbeitslöhne genügen, um *diese* Jugend, die nur aus Hunger und Elend fehlte, auf dem geraden Weg zu erhalten.

Ebenso sehen wir mit Freude den Erfolg vielfach geleisteter vorbeugender Fürsorge.

Unendlich wertvoll ist es für uns — vor einer Konferenz, die demnächst in Wien über ein neues Jugendstrafrecht abgehalten wird —, von den Resultaten zu hören, welche das Deutsche Jugendgerichtsgesetz gezeitigt hat, die Entwicklung der deutschen Jugendgerichtshilfsarbeit näher kennen zu lernen. Wir *danken* dafür, daß wir an Ihren Beratungen teilnehmen dürfen und wünschen, daß sie unserer deutschen Jugend diesseits und jenseits zum Heil gereichen mögen.

Landesgerichtsrat Dr. *Max Lederer*-Teplitz-Schönau:

Ich überbringe Ihnen als Vertreter der Deutschen Landeskommission für Kinderschutz und Jugendfürsorge in Böhmen herzlichste deutsche Grüße aus der Tschechoslowakei. Die Ergebnisse der heutigen Tagung sind für die Gestaltung des Jugendgerichtsgesetzes in der Tschechoslowakei dadurch bedeutsam, daß wir den Entwurf unseres Jugendgerichtsgesetzes, mit dessen Ausarbeitung die 3 Professoren des Strafrechts an den tschechischen Universitäten und ich betraut waren und der seit 2 Jahren fertiggestellt ist, jetzt überprüfen können auf Grund Ihrer praktischen Erfahrungen mit Ihrem Jugendgerichtsgesetz. Da kann ich nun heute schon feststellen, daß manches, was heute als Auswirkung Ihres Gesetzes bemängelt wurde, durch die Bestimmungen unseres Entwurfes vermieden zu sein scheint; hervorheben möchte ich: die Schwierigkeiten des Willensproblems, die Ihr § 3 schafft, sind bei uns abgeschwächt durch die „österreichische“ Formel, wonach der Jugendliche fähig sein muß, sein Handeln nach der richtigen Einsicht zu richten; die Einholung des Gutachtens eines Facharztes ist zwingend vorgeschrieben in allen Fällen, in denen ein Zweifel über die normale Entwicklung des Jugendlichen besteht; die örtliche Zuständigkeit bestimmt sich vor allem nach dem Orte, wo der Jugendliche zur Zeit der Tat seinen letzten ständigen Aufenthalt hatte; der Jugendrichter übernimmt sofort mit der Einleitung des Strafverfahrens auch die Vormundschaftsgerichtsbarkeit über den betreffenden Jugendlichen; für die Ausscheidung des Strafverfahrens gegen Jugendliche vom Verfahren gegen mitbeteiligte Erwachsene ist eine besondere Zweckmäßigkeitsvorschrift vorgesehen; schließlich: die bedingte Strafaussetzung *muß* in der Regel mit Anordnung der Schutzaufsicht verbunden werden. Manche wichtige Anregung nehme ich — wie von früheren — auch von der heutigen Tagung mit, als wichtigste aber, neuerlich darauf hinzuarbeiten, daß wir in der Tschechoslowakei endlich ein Gesetz bekommen, wie es Deutschland in seiner schwersten Zeit für seine Jugend erhalten hat.

Carl Mennicke-Berlin:

Zwei Punkte:

1. Welche pädagogischen Mittel stehen dem Jugendgerichte rein als Institution (abgesehen von den einzelnen im Urteil festzulegenden Erziehungsmaßnahmen) zur Verfügung? Im wesentlichen zwei: die Inanspruchnahme des sozialen Selbstbewußtseins und der Einfluß der Persönlichkeit. Die Inanspruchnahme des sozialen Selbstbewußtseins ist deshalb immer fragwürdig in der Wirkung, weil die Straffälligkeit ja beweist, daß es irgendwie schwach entwickelt oder gebrochen ist. Die erziehlich wirkende Persönlichkeit kann der Jugendrichter oder der Jugendgerichtshelfer sein. Man muß sich klar darüber sein, daß die Wirkung immer von den Schranken der Situation beengt ist. Erziehliche Wirkung wird ja nie durch Ermahnung oder Belehrung als solche erzielt, sondern erfolgt immer nur da, wo die Persönlichkeit, das, was in ihr an Sinn und Wert reif geworden ist, erlebt wird. Wird das zugestanden, so ist über die Begrenztheit dieser Wirkung im Gang des Jugendgerichtsverfahrens kein Wort zu sagen. Mir scheint es deshalb notwendig, die Einschaltung eines dritten erziehlichen Faktors in das Jugendgerichtsverfahren ganz allgemein zu erstreben: das Gruppenbewußtsein, über dessen entscheidende pädagogische Bedeutung gerade für die Jugend uns Theorie und Praxis in den letzten Jahrzehnten immer besser unterrichtet haben. Dies Bestreben sollte vor allem auch in den Kreisen der Jugendgerichtshilfe ganz allgemein lebendig werden.

2. Oberamtsrichter *Müller*-Hamburg hat richtig die tragische Lage geschildert, in der der Jugendrichter jugendlichen politisch Kriminellen gegenüber sich befindet. Die Frage ist aufzuwerfen, ob das Zugeständnis dieser hoffnungslosen Tragik das letzte Wort ist. Jedenfalls scheint mir notwendig, daß der Jugendliche spürt, daß der Richter seinen politischen Willen ernst nimmt; nicht etwa materiell anerkennt, aber in der Intention achtet. Wieweit darüber hinaus im Gerichts- oder im Strafverfahren die Möglichkeit besteht, den jugendlichen Idealismus zur Auseinandersetzung mit den tatsächlichen Verhältnissen zu veranlassen, kann nur gefragt werden. — Der urteilende Richter müßte sich der Fragwürdigkeit der gesellschaftlichen Verhältnisse und der allgemeinen menschlichen Unzulänglichkeit tief bewußt sein.

Dr. *Hertz* faßt die Ergebnisse der Aussprache dahin zusammen: scharfe Kritik ist an dem JGG. nicht geübt worden; die Frage, ob sich mit dem Gesetz arbeiten läßt, ist bejaht worden; große Vorsicht ist bei der Gewährung von Strafaussetzung anzuwenden; die Ausbildungsfrage ist von größter Bedeutung vor allem auch für die freiwilligen Mitarbeiter. Der Behandlung der 18—20jährigen wird nachzugehen sein; wir werden hier zunächst versuchen müssen, ohne Gesetzesänderung weiterzukommen.

Der Vorsitzende teilt mit, Herr Professor *Themming*-Greifswald habe den Wunsch ausgesprochen, es möge seitens des JG.-Tages die Frage der Reiseentschädigung für freiwillige Mitarbeiter erörtert werden. Der Vorsitzende empfiehlt, von einer mündlichen Verhandlung gegenwärtig abzusehen, stellt aber in Aussicht, daß die Vereinigung entweder selbst eine Eingabe in der Sache machen oder die Angelegenheit einem zuständigen Verband empfehlend unterbreiten werde. Die Versammlung stimmt dem zu.

Schließlich verliest der Vorsitzende die folgende Entschließung, die einstimmig angenommen wird:

Entschließung I.

Der 6. Jugendgerichtstag begrüßt es dankbar, daß mit dem Jugendgerichtsgesetz die Behandlung straffälliger Jugendlicher eine neue gesetzliche Grundlage erhalten hat, deren wesentlicher Zug in der Anwendung einer psychologisch vertieften Beurteilung des Einzelfalles und der Einbeziehung eines Erziehungsverfahrens besteht.

Ist auch die Fassung des Gesetzes in der Form, teilweise auch im Inhalt, nicht durchweg als bedenkenfrei zu bezeichnen, so haben sich doch die Gefahren, die bestimmte Kreise von der Einführung des Gesetzes befürchteten, bisher in keiner Weise verwirklicht. Die Rechtssicherheit ist hinreichend gewährleistet, die Interessen der Allgemeinheit sind geschützt. Das Rechtsinstitut der bedingten Strafaussetzung bedarf freilich vorsichtiger und durchaus unschematischer Handhabung; die Verbindung mit einer innerlich starken Schutzaufsicht sollte in der Regel hergestellt werden. Dem Ausbau individuell angepaßter Verpflichtungen (§ 7, Ziffer 3 des Gesetzes) ist fortgesetzte Aufmerksamkeit zu schenken. Engste Verbindung des Jugendrichters und der Jugendgerichtshilfe mit dem Strafvollzug ist anzustreben.

Die Erstreckung der Grundsätze des neuen Jugendstrafrechts auf die 18—20jährigen muß als nächste Aufgabe bezeichnet werden. Die Vereinigung für Jugendgerichte und Jugendgerichtshilfen wird mit alsbaldiger Prüfung der in dieser Richtung erforderlichen Maßnahmen beauftragt. Ein schrittweises Vorgehen wird zu empfehlen sein, zunächst im Verwaltungswege.

Sollten wiederum Ausnahmegerichte in Deutschland erforderlich werden, so ist die besondere Berücksichtigung der jugendlichen Belange, möglichst aber die völlige Herausnahme der Jugendlichen, anzustreben.

Eine tiefgehende und wirklich gerechte Handhabung des Jugendgerichtsgesetzes verlangt eine sorgfältige fachliche Ausbildung der Richter und Staatsanwälte sowie ihrer Mitarbeiter. Hierfür müssen die Regierungen die erforderliche Anregung und Hilfe leisten. Durch die Hebung der dienstlichen Stellung der Jugendrichter größerer Bezirke muß ein unerwünschter häufiger Wechsel der Richter verhindert werden. Der Auswahl geeigneter Stellvertreter ist besondere Beachtung zu schenken.

Die großen Aufgaben der Jugendgerichte und der damit unzertrennlich verbundenen Jugendgerichtshilfe können nur im großen Rahmen aller Jugendwohlfahrtsbestrebungen ihrer Lösung entgegengeführt werden, getragen vom Verantwortungsgefühl des ganzes Volkes.

Zeugenaussagen von Kindern und Jugendlichen.

I. Referat.

Von

Charlotte Meyer, Berlin.

Wenn ich heute über kindliche und jugendliche Zeugenaussagen berichten werde, werde ich mich auf zweierlei beschränken:

1. Auf die Kinder und Jugendlichen, die als Objekte strafbarer Handlungen oder als Zuschauer bei derartigen Straftaten vernommen werden.

2. Auf die fürsorgerische erzieherische Behandlung der Kinder.

Bei beiden Punkten stütze ich meine Erfahrungen hauptsächlich auf die Berliner Verhältnisse.

Fragen wir zunächst, welche Gesichtspunkte müssen bei kindlichen und jugendlichen Zeugenaussagen — neben dem für alle Zeugen geltenden Grundsatz der Wahrheitsfindung — vor allem leitend sein?

Meines Erachtens in erster Linie das Recht des Kindes auf Erziehung. Diesem Gedanken muß Rechnung getragen werden:

1. Durch Schutz vor Erziehungswidrigkeiten innerhalb des Strafverfahrens, in dem der Jugendliche als Zeuge vernommen wird.

2. Durch sofortiges Einsetzen vormundschaftsgerichtlicher Maßnahmen bereits während eines schwebenden Verfahrens.

Was ist bisher in dieser Hinsicht geschehen?

Einzelne Länder haben besondere Bestimmungen für jugendliche Zeugen ergehen lassen, auf die Landgerichtsdirektor *Schimmack* in seinem Referat eingehen wird, es sei hier nur bemerkt, daß sie vom erzieherischen Standpunkt aus nicht befriedigen.

Es sei mir gestattet, näher auf die preußischen Verfügungen einzugehen.

In Preußen erging am 6. Februar 1901 eine Ausführungsbestimmung zum F.E.G., der zufolge die Staatsanwaltschaften in allen Fällen drohender Verwahrlosung bei Jugendlichen unter 18 Jahren den zur F.E. antragsberechtigten Stellen Mitteilung geben sollte. Eine Prüfung, ob eine derartige Verwahrlosung vorliegt, hat — wie es in der Verfügung heißt — „insbesondere auch dann einzusetzen, wenn gegen den Minderjährigen gerichtete Handlungen anderer Personen (Mißhandlung von seiten der Eltern, Vornahme unzüchtiger Handlungen, Kuppelei und dergleichen) zur Kenntnis der Staatsanwaltschaft gelangen, welche seine Verwahrlosung oder die Gefahr einer solchen erkennen lassen.“

1903 erging eine allgemeine Rundverfügung, in der den Richtern empfohlen wird, die jugendlichen Zeugen nach ihrer Vernehmung aus dem Sitzungssaal abtreten zu lassen, soweit nicht ihre Anwesenheit dringend erforderlich ist.

Die letzte Verfügung in Preußen ist 1920 ergangen, sie bestimmt, daß die Vernehmung der jugendlichen Zeugen nach Möglichkeit durch Richter erfolgen soll, am besten sei es, wenn diese Vernehmung im Wege des Geschäftsverteilungsplanes von der Polizei auf die Jugendrichter übertragen würde.

In Berlin hatte keine derartige Regelung stattgefunden, und auch die beiden anderen Verfügungen sind nicht streng durchgeführt worden, so daß die Kinder weder einen geeigneten Schutz in ihrer Eigenschaft als Zeugen erhalten, noch ihr Recht auf Erziehung berücksichtigt wird.

Das Jugendamt Berlin wurde durch Gerichtsvertretungen im Moabiter Kriminalgericht zufällig auf verschiedene Kinder, die als Zeugen in den Korridoren warteten, aufmerksam. Die Vertreterinnen erbaten in diesen Fällen bei den Vorsitzenden der Gerichte die Erlaubnis, den Terminen beizuwohnen, die auch stets bereitwillig erteilt wurde.

An zwei Fällen, auf die wir durch Zufall aufmerksam gemacht wurden, möchte ich 1. die Notwendigkeit des Schutzes vor Erziehungswidrigkeiten, 2. die Notwendigkeit des sofortigen Einsetzens vormundschaftsgerichtlicher Maßnahmen zeigen.

In dem ersten Fall war ein Produktenhändler wegen eines an seinen Pflegekindern begangenen Sittlichkeitsverbrechens angeklagt. Die Mädchen waren 14 und 15 Jahre alt. Er selbst lebte seit Jahren von seiner Frau getrennt, mit der Mutter der Kinder, einer Kriegerwitwe, zusammen, mit der er noch zwei Kinder hatte. — Das ältere Pflegekind geht eines Tages auf die Polizei, um gegen den Pflegevater, der dauernd mit ihr unzüchtige Handlungen vorgenommen hatte, Anzeige zu erstatten. Sie wird nach Hause geschickt, um mit der Mutter zur Stellung des Strafantrages zurückzukehren. Die Mutter, die den Verkehr geduldet hatte, sogar die Einwilligung dazu gegeben haben soll, kommt natürlich nicht mit auf die Polizei. Monatelang später erstattet eine Hausbewohnerin Anzeige; ein Strafverfahren gegen den Pflegevater wegen Vornahme unzüchtiger Handlungen an den Kindern und gegen die Mutter wegen Kuppelei wird anhängig. Dieses Verfahren muß aber trotz starker Verdachtsmomente mangels Beweises eingestellt werden, das Verfahren gegen den Mann nimmt seinen Fortgang. Er wurde verhaftet. Zufällig wurden wir auf diesen Fall schon bei der Vernehmung der Kinder durch den Untersuchungsrichter aufmerksam und konnten ihre sofortige anderweitige Unterbringung veranlassen. Kurze Zeit nach der Verhaftung des Mannes bat die Frau, ihn aus der Untersuchungshaft zu entlassen, und als nach einigen Monaten der Haftbefehl wirklich aufgehoben wurde, zog sie wieder mit ihm zusammen.

Zur Hauptverhandlung wurden beide Mädchen aus verschiedenen Fürsorgeerziehungsanstalten vorgeführt, während die Mutter mit dem angeklagten Pflegevater zusammen frei erschien. Vor dem Gerichtssaal spielte sich eine lebhafte Szene ab, Mutter und Pflegevater stürzten auf die Kinder, und es gelang weder den beiden begleitenden Schwestern, noch dem Justizwachtmeister, sie zu trennen. Erst als durch Anordnung des Richters Mutter und Pflegevater in den Gerichtssaal hineingeführt wurden, erfolgte die Trennung.

Als Erfolg der Unterredung zwischen Eltern und Kindern kann wohl angesehen werden, daß das eine der Mädchen von dem Zeugnisverweigerungsrecht Gebrauch machte, das andere alle belastenden Angaben zurücknahm. Trotzdem wurde der Angeklagte auf Grund der Aussagen aller anderen Zeugen verurteilt.

Dazu möchte ich noch bemerken, daß beide Mädchen laut ärztlichem Gutachten schwachsinnig sind, die eine auch eine Reihe hysterischer Züge zeigt, also beide derartigen Beeinflussungen doppelt zugängig waren.

In einem anderen Fall wurden wir bei dem Termin auf eine Familie aufmerksam, in der der zwanzigjährige Angeklagte mit einer sechsunddreißigjährigen unverheirateten Frau, mit der er ein Verhältnis hatte, und deren dreizehnjähriger Tochter ein Bett teilte. Im gleichen Zimmer schliefen noch andere junge Mädchen und Burschen, meistens polizeilich unangemeldet. Die Polizei war auf diese Zustände aufmerksam gemacht worden und hatte dabei herausgefunden, daß der Liebhaber der Mutter (den diese nachher geheiratet hat) auch längere Zeit ein Verhältnis mit der dreizehnjährigen Tochter gehabt hatte!

So lernten wir durch Zufall noch eine Reihe anderer Fälle kennen, die die Notwendigkeit von vormundschaftsgerichtlichen Maßnahmen immer dringlicher erscheinen ließen, und zwar sowohl für die Kinder, die tatsächlich Opfer derartiger Verbrechen geworden waren, wie auch für diejenigen, die sich derartige Fälle ausgedacht hatten.

Um eingreifen zu können, schien zweierlei notwendig: 1. die systematische Erfassung aller jugendlichen Zeugen durch die Jugendämter, 2. die Zusammenfassung der in Frage kommenden Strafverfahren vor einer Abteilung des Gerichtes; durch diese Spezialisierung wird es erleichtert werden, kindliche und jugendliche Zeugenaussagen immer richtiger beurteilen zu können.

Um die systematische Erfassung durch die Jugendämter zu ermöglichen, nahm das Jugendamt Berlin einen bereits vor Jahren von der Deutschen Zentrale für Jugendfürsorge an den Generalstaatsanwalt beim Kammergericht gestellten Antrag wieder auf und bat um Namhaftmachung der Kinder an das Jugendamt und um Übersendung einer Anklageschrift (bzw. Akteneinsicht). Nachdem im Anschluß an diesen Antrag durch Mitteilung einzelner Fälle an den Generalstaatsanwalt immer wieder die Notwendigkeit der Namhaftmachung bewiesen wurde, erging vom Generalstaatsanwalt beim Kammergericht am 16. April dieses Jahres eine Anordnung, der zufolge das Jugendamt spätestens bei Erhebung der Anklage Mitteilung von jugendlichen Zeugen erhalten soll, auch wenn keine Verwahrlosung vorliegt. Der Hauptverhandlungstermin soll ebenfalls mitgeteilt werden.

Unser zweiter Wunsch nach Zusammenfassung aller an Kindern begangenen Verbrechen vor einer Abteilung auf dem Gericht hat sich dank des Entgegenkommens des preußischen Richtervereins auch schon — wenn auch nur teilweise — verwirklicht. Seit dem 1. April dieses Jahres ist bei dem Amtsgericht Berlin-Mitte eine Abteilung eingerichtet, bei der alle Straftaten aus § 176^3, d. h. alle Straftaten von Angeklagten, die mit Personen unter 14 Jahren unzüchtige Handlungen vorgenommen haben, abgeurteilt werden. Ebenso ist bei dem Landgericht I und II eine Zusammenfassung der Straftaten vor einer Berufungskammer erfolgt, die zugleich die Jugendstrafkammer ist.

Es sei mir nun gestattet, Ihnen einige wenige Zahlen über diese Arbeit zu geben.

In der Zeit vom 1. April bis zum 1. September dieses Jahres, also in fünf Monaten, haben wir 64 Fälle von Sittlichkeitsverbrechen Erwachsener an Kindern von der Staatsanwaltschaft oder Gerichten gemeldet bekommen. Vom 1. September bis zum 12. waren es allein 25 Fälle. Bei den 64 Fällen war die Tat in 11 Fällen vom eigenen Vater, in 9 Fällen vom Stiefvater und in 4 Fällen vom Liebhaber der Mutter ausgeübt.

Wenn wir auch erst am Anfang einer neuen Arbeit stehen, erst über kurze Erfahrungen verfügen, glaube ich doch die Berechtigung zu haben, weitere Vorschläge im Interesse der Kinder geben zu dürfen.

Die Vorschläge beziehen sich sowohl auf Änderungen in der bisherigen Behandlungsweise in Strafverfahren, in denen die Kinder als Zeugen vernommen werden, wie auch auf fürsorgerische Maßnahmen im Interesse der Kinder, die unabhängig von dem Verfahren ergriffen werden müssen.

Im folgenden werde ich zu zeigen versuchen, wie ich mir die Behandlung der Kinder im Laufe des Verfahrens für die Zukunft denke.

Die Fehler der Vernehmung von Kindern durch pädagogisch und psychologisch ungeschulte Kriminalbeamte liegen auf der Hand. Die Protokolle legen Zeugnis dafür ab, wie die Vernehmungen selbst erfolgen. So fand ich vor wenigen Tagen bei der Vernehmung eines Kindes — der Angeklagte hatte die Tat an zwei Kindern begangen (diese Vernehmung bezieht sich auf das zweite Kind) —: „Die Angaben der Marta G. sind in allen Punkten zutreffend, und kann ich mich denselben nur voll und ganz anschließen. Weitere Angaben kann ich nicht machen.“ Der Polizeibeamte hat also diesem zweiten Kinde das Protokoll der Vernehmung des ersten Kindes vorgelesen. — Außerdem läßt auch die Wiedergabe des Verhörs, die in direkter Rede erfolgt, mit den unkindlichen Ausdrücken den Verdacht von Beeinflussung aufkommen. Z. B. wenn ein achtjähriges Mädchen einem Polizeibericht zufolge aussagt: „Ohne auf mich Rücksicht zu nehmen, nahmen H. (es handelt sich um den Liebhaber der Mutter, der sich an dem Kinde vergangen haben soll) und meine Mutter miteinander Handlungen vor, die sich in meinem Beisein nicht schickten", so ist kaum anzunehmen, daß sich das Kind so ausgedrückt hat.

Ich glaube, daß diese Beispiele, die ich Ihnen noch durch eine lange Reihe anderer ergänzen könnte, typisch sind und beweiskräftig dafür, daß eben Kindervernehmungen durch besonders geschulte Persönlichkeiten erfolgen müssen. Sie werden nun fragen, ja, wer soll denn die Kinder vernehmen?

In der recht reichhaltigen Literatur, die sich mit dem Problem der Zeugenaussagen von Kindern befaßt, werden für die erste Vernehmung Vertreter von 4 verschiedenen Berufskategorien vorgeschlagen, nämlich:

1. Lehrer,
2. Staatsanwälte,
3. Richter,
4. Polizeifürsorgerinnen.

Neuerdings machen sich auch Bestrebungen dahin geltend, die Vernehmungen durch die Fürsorgerinnen der Jugendämter vornehmen zu lassen. Ich halte diese keineswegs für geeignet, denn die Jugendämter sollen sich meiner Meinung nach nicht unmittelbar in den Dienst der Strafverfolgungsbehörde stellen. Ich persönlich stehe auf dem Standpunkt, daß man die ersten Vernehmungen ruhig weiter vor der Polizei läßt, sie aber sozialpädagogisch geschulten Kräften, die auch über kriminal-psychologische Kenntnisse verfügen, überträgt. Ob die Polizeifürsorgerin, die man in einigen Städten mit der Vernehmung beauftragt hat, tatsächlich geeignet ist, mag nachher noch in der Diskussion erörtert werden. Auch hier ist zu bedenken, ob ihre fürsorgerische Tätigkeit sich mit dem Indienststellen der Strafverfolgungsbehörde in Einklang bringen läßt. Ich stehe allerdings auf dem Standpunkt, daß das Interesse der Kinder ausschlaggebend sein muß und die Fürsorgerin zunächst die Vernehmungen übernehmen sollte, wenn nicht bald mit der Einstellung besonderer Kräfte bei der Polizei — es brauchen meiner Meinung nach nicht nur Frauen zu sein — zu rechnen ist.

Ganz allgemein ist zu achten auf: 1. die Vernehmung selbst, 2. das Protokoll über die Vernehmung und 3. die Einleitung fürsorgerischer Maßnahmen.

Die Vernehmung selbst muß den bekannten psychologischen Forderungen des freien Berichtes, der Vermeidung von Fragen, vor allem Suggestivfragen, entsprechen.

Beim Protokoll muß Wert auf kurze Angaben von Tatsachen und Beobachtungen gelegt werden; es muß besonders erwähnt werden, wenn ein Fall zu Bedenken Anlaß gibt, der mit den normalen psychologischen Kenntnissen nicht zu erforschen ist. Professor Dr. *Wetzel* wird in seinem Referat, nehme ich an, noch näher auf diese Fälle eingehen.

Unter Einleitung fürsorgerischer Maßnahmen verstehe ich hier die ärztliche Untersuchung 1. auf Geschlechtskrankheiten hin, 2. auf Deflorierung. Dabei ist es meiner Meinung nach eine Nebenfrage, ob diese Untersuchung direkt bei der Polizei erfolgt oder an anderer Stelle. Hauptsache ist mir, daß dieses Protokoll nicht nur, wie bisher üblich, an die Strafverfolgungsbehörde geht, sondern auch an Jugendamt und Vormundschaftsgericht. Das Jugendamt hat dann die nötigen Ermittlungen bei den Kindern anzustellen. Diese haben von zwei Gesichtspunkten aus zu erfolgen: 1. im Interesse der Kinder, die, wie ich vorhin ja schon erwähnte, fast alle aus schlechten Verhältnissen stammen, damit bei ihnen die erforderlichen Erziehungsmaßnahmen in die Wege geleitet werden können, 2. im Interesse der Wahrheitsfindung, dadurch, daß dem Staatsanwalt und dem Richter ein klareres Bild von der Persönlichkeit des Kindes, seinem Entwicklungsgang und seinen häuslichen Verhältnissen gegeben wird.

Auf die Art der Ermittlungen kann ich hier nicht näher eingehen, möchte nur darauf hinweisen, daß dazu auch vor allem das Veranlassen der psychiatrischen Untersuchung bei den „zu Bedenken Anlaß" gebenden Fällen notwendig ist, ferner auch die Rücksprachen in der Schule.

Diese wurden bis jetzt meistens durch Kriminalbeamte eingezogen, die Auskünfte lassen es zwar häufig nicht an Komik fehlen, entbehren aber dafür leider mitunter der Gründlichkeit. Ihre Dürftigkeit ist aber meiner Meinung nach nicht Schuld des Kriminalbeamten, sondern Schuld der Verhältnisse in der Schule. Der Lehrer kennt die Kinder in den überfüllten Klassen der Großstadt mitunter so gut wie gar nicht, muß aber auf Anfragen Auskünfte erteilen, die natürlich nur ganz allgemein gehalten sein können. Außerdem geben die Lehrer nur allzu häufig subjektive Folgerungen aus einzelnen Beobachtungen an, anstatt diese näher zu schildern. Ich nenne hier nur das alltäglichste Beispiel; das Kind zeigt sich unehrlich oder es lügt, dabei fehlt aber eine Angabe darüber, wobei es sich denn unehrlich gezeigt hat, ob es nur die üblichen Schullügen gebraucht, um sich herauszureden oder ob es phantastische Geschichten erfindet.

Wie wichtig die Ermittlungen des Jugendamtes sind, wird Ihnen vielleicht noch klarer, wenn Sie hören, daß bei uns in einigen Fällen die Erhebung der Anklage von dem Ergebnis der Ermittlungen abhängig gemacht worden ist. Dieses Verfahren in schwierigen Fällen halte ich sowohl im Interesse der Täter wie auch im Interesse der Kinder liegend. In der letzten Woche haben sich zwei Angeklagte, denen Sittlichkeitsverbrechen an eigenen Kindern vorgeworfen wurden, das Leben genommen. In dem einen Fall konnte festgestellt werden, daß das Kind früher schon einmal derartige Angaben von einem anderen Mann gemacht hatte, die sich später als unwahr herausgestellt hatten.

Den Jugendämtern wird durch die Übernahme dieser Ermittlungen eine außerordentlich große Verantwortung auferlegt. Von einem großstädtischen Jugendamt Süddeutschlands, das vorbildliche Arbeit leistet, wurde gelegentlich einer Rundfrage des Deutschen Archivs für Jugendwohlfahrt darauf hingewiesen, daß infolge der Abbaubestrebungen die Jugendämter kaum über die genügende Zahl pädagogisch und psychologisch geschulter Kräfte verfügen würden, die für die Ermittlung und die Ausführung der Ermittlungsmaßnahmen erforderlich sind. Ich persönlich halte eine psychologische Schulung gerade für diese Arbeit für unbedingt notwendig.

Nach Abschluß der Ermittlungen, denen die polizeiliche Vernehmung zugrunde liegt, sollte das Jugendamt dann den Bericht mit Erziehungsvorschlägen 1. an das Vormundschaftsgericht und 2. an die Strafverfolgungsbehörde schicken.

Der Vormundschaftsrichter sollte dann auf Grund der Vorschläge Erziehungsmaßnahmen anordnen. Meines Erachtens ist hier eine der wesentlichen Maßnahmen vorliegend, bei denen ein enges Zusammenarbeiten zwischen Jugendamt und Vormundschaftsgericht stattfinden muß und das Jugendamt das Vormundschaftsgericht zu unterstützen hat, wie es im R.J.W.G. heißt.

Ein weiteres Zusammenarbeiten ist erforderlich zwischen Jugendamt und Staatsanwalt; wünschenswert wäre, daß auch bei der Staatsanwaltschaft ein besonderes Dezernat für diese Straftaten eingerichtet wird, ebenfalls unter dem Gesichtspunkte, daß auch bei der Staatsanwaltschaft besonderes Verständnis für die Beurteilung von Kinderaussagen erreicht wird.

Wenn man im Interesse der Kinder sich auf möglichst wenig Vernehmungen beschränken möchte, glaube ich, daß grundsätzlich nicht von weiteren Vernehmungen Abstand genommen werden kann, bis auf die Fälle, in denen der Angeklagte geständig gewesen ist. Da die meisten Angeklagten aber nicht geständig sind, wird es nach wie vor häufig zu weiteren Vernehmungen von Kindern innerhalb der Hauptverhandlung kommen.

Es ist also eine weitere Aufgabe, die Hauptverhandlung so zu gestalten, daß die Kinder nicht den anfangs erwähnten schädlichen Einflüssen ausgesetzt sind. Vor allen Dingen muß das lange Warten in den Korridoren vermieden werden, und ein besonderes Zimmer mit Beschäftigungsmöglichkeit zum Warten der Kinder erscheint durchaus wünschenswert. Die Kinder wären dann auch weniger befangen und weniger ermüdet bei ihrer Vernehmung vor dem Gericht.

Auch beim Gericht sollte eine Zusammenfassung der in Frage kommenden Delikte vor einer Abteilung erfolgen. Für die Hauptverhandlung selbst sind noch zwei Wünsche geltend zu machen: 1. die Fragen sollten nur vom Vorsitzenden gestellt werden, 2. die Kinder sollten nach ihrer Vernehmung aus dem Sitzungssaale abtreten.

Ich bin damit am Ende meiner Vorschläge angelangt. Zusammenfassend möchte ich sie noch einmal aufzählen:

1. Ist der Angeklagte geständig, so sollten die Kinder nur einmal vernommen werden.

2. Bereits die ersten Vernehmungen müssen durch besonders geschulte Persönlichkeiten erfolgen.

3. Das Ergebnis der ersten Vernehmung soll an das Jugendamt und Vormundschaftsgericht gehen.

4. Der Bericht des Jugendamtes soll an die Strafverfolgungsbehörde und von dort an das erkennende Gericht gehen. Bei beiden werden besonders geeignete Persönlichkeiten, die sich speziell mit diesen Fragen beschäftigen, gewünscht.

5. Für den Hauptverhandlungstermin wird ein besonderer Warteraum mit Beschäftigungsmöglichkeit für die Kinder gefordert. In der Hauptverhandlung soll das Fragerecht allein vom Vorsitzenden ausgeübt werden. Die Kinder sollten nach Möglichkeit nach ihrer Vernehmung den Sitzungssaal verlassen.

Die Vorschläge sind nicht utopistischer Art, sondern haben sich aus der Praxis heraus ergeben, und sie werden und müssen daher auch bald in Erfüllung gehen. Wir dürfen nicht vergessen, daß es sich hierbei hauptsächlich um Kinder handelt, an denen ein einmal begangenes Unrecht wieder gut gemacht werden muß. — Professor Dr. *Aschaffenburg* hat in einem Aufsatz zur Psychologie des Sittlichkeitsverbrechers einmal dem Gedanken Ausdruck verliehen, daß jedes an einem Kinde begangene Sittlichkeitsverbrechen ein Vorwurf gegen den Staat sei, der seine Unzulänglichkeit, die Gesellschaft zu schützen, dadurch bewiese. Das Unrecht soll wieder gutgemacht werden durch Schutz vor vermeidbaren Schädigungen im Verfahren und durch besonders sorgfältige Erziehung, und dadurch scheint das Recht dieser Kinder auf Erziehung gewährleistet.

Zeugenaussagen von Kindern und Jugendlichen.

II. Referat.

Von

Landgerichtsdirektor **Schimmack**[1]), Berlin.

I. Das mir anvertraute *juristische* Referat über *Zeugenaussagen von Kindern und Jugendlichen* macht mir zur Aufgabe, Ihnen einen kurzen Überblick über die einschlägigen prozessualen Vorschriften in Gesetzen

[1]) Wenige Wochen nach seinem Vortrag ist L.G.D. Schimmack an den Folgen einer Operation gestorben. Der Tod dieses scharfsinnigen Juristen und erfolgreichen Förderers des hier behandelten Gebietes der Jugendwohlfahrt wird auch von der Vereinigung für Jugendgerichte und Jugendgerichtshilfen aufrichtig bedauert.

und Verordnungen zu geben und hierzu unter Berücksichtigung der wesentlichsten Reformvorschläge, die gemacht sind, vom Standpunkte des Praktikers Stellung zu nehmen. Ich werde mich dabei auf das *Strafverfahren* beschränken, um mich nicht zu sehr in Einzelheiten zu verlieren; aus demselben Grunde will ich auch die Fragen übergehen, die die Jugendgerichtshilfen betreffen und sich auf die Zusammenarbeit mit diesen beziehen.

Vorausschicken will ich einige Worte darüber, was wir im Strafverfahren unter *Kindern* und *Jugendlichen* zu verstehen haben. Beide Begriffe sind in der Gesetzessprache als Bezeichnungen für *Altersabschnitte* verhältnismäßig neu. Das St.G.B. kennt sie nicht. Der Entwurf eines neuen St.G.B.s von 1919 sagt: „Ein Kind im Sinne dieses Gesetzes ist, wer noch nicht 14 Jahre alt ist", und § 1 J.G.G.: „Ein Jugendlicher im Sinne dieses Gesetzes ist, wer über 14, aber noch nicht 18 Jahre alt ist." Das J.G.G. enthält aber nichts über jugendliche *Zeugen*. Für beide Begriffe fehlt bislang eine allgemein gültige gesetzliche Definition.

Mit einer *oberen* Altersgrenze von 14 Jahren für *Kinder*, die sich dem Sprachgebrauch des täglichen Lebens anschließt, haben wir zwar eine Abgrenzung gegenüber *Jugendlichen im engeren Sinne gewonnen*, dagegen noch nicht die wichtigeren 2 Fragen geklärt:

a) Gibt es für *Kinder* als Zeugen eine *untere* Altersgrenze?

b) Wo liegt bei *jugendlichen* Zeugen die *obere* Altersgrenze?

Zu a: Ein Kind — bis zu 14 Jahren — ist nach dem J.G.G. *strafunmündig*, nach der St.P.O. aber *nicht unfähig*, als *Zeuge* vernommen zu werden.

Das *Gesetz* zieht hierfür nach unten überhaupt keine Grenze[1]). An und für sich kann ein im zartesten Lebensalter stehendes Kind als Zeuge in Betracht kommen, ist doch selbst die Vernehmung eines Geisteskranken gesetzlich nicht ausgeschlossen[2]). Das Kind muß nur imstande sein, eine gemachte Wahrnehmung dem Vernehmenden in verständlicher, wenn auch noch so primitiver Weise mitzuteilen und auf Fragen zu antworten. Beim Fehlen dieser Fähigkeit scheidet es als Zeuge allerdings *tatsächlich* aus; sein Körper und etwaige Reizerscheinungen desselben können dann nur Gegenstand einer richterlichen Augenscheinseinnahme oder von Bekundungen dritter sein. Wann dies der Fall ist, bleibt Tatfrage. Der Gesetzgeber hat die Entscheidung dem Gericht von Fall zu Fall überlassen.

Zu b: Bei der oberen Altersgrenze des J.G.G. von 18 Jahren für Jugendliche ist lediglich die *Strafbarkeit*, nicht aber die *Zeugnisfähigkeit* maßgebend gewesen. Diese Grenze für jugendliche Zeugen (j. Z.) ohne weiteres zu übernehmen, besteht um so weniger ein Anlaß, als die

---

[1]) Entsch. d. R.G. v. 14. 2. 1911 in Goltd. Arch. 59, 131.

[2]) Entsch. d. R.G. in Str. S. 33, 393, 57, 189.

St.P.O. im § 57¹ für die *Eidesmündigkeit* von Zeugen die Erreichung des *16.* Lebensjahres festsetzt. Unsere Frage ist eine prozessuale, und es ist nicht einzusehen, warum die einzige Zäsur, die die St.P.O. — übrigens gleichlautend mit § 393¹ Z.P.O. — zwischen erwachsenen und nicht erwachsenen Zeugen zieht, unbeachtet bleiben soll.

Im *Schrifttum* ist die Frage nur ganz vereinzelt angeschnitten worden (so in den Thesen von Stern). Die in den letzten Jahren in mehreren Einzelstaaten ergangenen *Verordnungen* und Verfügungen über das Verfahren bei der Vernehmung j. Z. weisen aber so viele Lesarten auf, daß man eher von einer Verwirrung als von einer Klarstellung sprechen kann. Bald wird gesagt: „jugendliche Zeugen und Beschuldigte, insbesondere schulpflichtige Kinder", oder nur „jugendliche Zeugen" mit oder ohne den Zusatz „insbesondere Kinder", bald „Kinder oder dem Kindesalter nahestehende Jugendliche", bald „Schulkinder unter 14 Jahren" oder „noch schulpflichtige Jugendliche", bald „Jugendliche, nämlich in der Regel Knaben bis zum 14., Mädchen bis zum 15. oder 16. Jahre, ausnahmsweise Jugendliche bis zum 18. Jahre", bald „Minderjährige".

Richtig ist, daß, wie es in der Sächsischen Verordnung vom 9. VII. 1923[1]) heißt, angegebene Altersgrenzen nur *Durchschnittswerte* sein können. Für die Praxis *gebrauchen* wir aber *feste Abgrenzungen*, zumal durch die Verordnungen Zuständigkeiten begründet werden sollen. Zuständigkeitsfragen können nicht von Fall zu Fall entschieden werden. Geschäftsverteilungen müssen auf Sicht bestimmen, welche Sachen z. B. der Jugendrichter, der Jugendstaatsanwalt bearbeiten soll. Ob und inwieweit die ergangenen Verordnungen insoweit einer Nachprüfung bedürfen, kann ich hier nicht im einzelnen erörtern.

Eine Nachprüfung halte ich jedenfalls für wünschenswert und würde es begrüßen, wenn sich dabei *möglichst einheitliche Begriffe* herausbildeten. De lege lata möchte ich vorschlagen, unter j. Z. — einschließlich der Kinder — *Zeugen unter 16 Jahren* zu verstehen. Eine Abgrenzung zwischen Kindern und Jugendlichen möchte ich dann überhaupt strafprozessual für entbehrlich halten.

II. Der Ausgangspunkt für unsere Betrachtung muß das *Gesetz* sein, dem die Richter nach § 1 G.V.G. allein unterworfen sind. Da das J.G.G., wie gesagt, über j. Z. keine Bestimmungen enthält, haben wir nach solchen lediglich in der St.P.O. zu suchen. Viel Material finden wir aber auch da nicht. Die einzige einschlägige Sonderbestimmung ist überhaupt die schon erwähnte Ziffer 1 des § 57:

„Unbeeidigt sind zu vernehmen Personen, welche zur Zeit der Vernehmung das 16. Lebensjahr noch nicht vollendet oder wegen mangelnder Verstandesreife oder wegen Verstandesschwäche von dem Wesen und der Bedeutung des Eides keine genügende Vorstellung haben."

---

[1]) Min.Bl. S. 100.

Um die Ermittelung der Wahrheit zu fördern, wird dem Richter die Waffe gegeben, ja in der Hauptverhandlung — von bestimmten Ausnahmen abgesehen — zur Pflicht gemacht, von dem Zeugen die Bekräftigung der Aussage durch den Eid zu verlangen. Aus dem Umstande, daß der Gesetzgeber die Beeidigung eines Zeugen unter 16 Jahren unter keinen Umständen zuläßt, kann gefolgert werden, daß er die Aussage eines solchen an sich minder wertet, also von vornherein in erhöhtem Maße mit ihrer Unzuverlässigkeit rechnet.

Eine weitergehende Schlußfolgerung ist aus § 57[1] nicht zu ziehen. Eine den Richter bindende Beweisregel wird keineswegs aufgestellt.

III. Im übrigen enthält, wie bemerkt, die St.P.O. keine Sondervorschriften für j. Z. Vielmehr finden auf sie die für Zeugen *allgemein* geltenden Bestimmungen Anwendung. Das muß auf den ersten Blick befremden, denn zwischen jugendlichen und erwachsenen Zeugen bestehen *in der Tat* durchsichtige Unterschiede. Infolgedessen sind wir bei oberflächlicher Betrachtung geneigt, zu fragen: Warum hat gerade *hier* der sonst so unermüdliche Gesetzgeber versagt? Um Ihnen zu zeigen, wie schwierig in Wirklichkeit die Verhältnisse rechtlich liegen, möchte ich an zwei Beispiele erinnern, die bereits 1909 bei Änderungsvorschlägen zum Entwurf einer neuen St.P.O. angeführt worden sind; sie betreffen die *Ladung* und die *Ausübung des Zeugnisverweigerungsrechts.*

a) Der j. Z. ist unter den gleichen Zustellungsformen und Strafandrohungen wie ein *Erwachsener* zu laden. Das *kann* zu lächerlichen Ergebnissen führen. Denken Sie: Einem geschäftsunfähigen, strafunmündigen Zeugen von 5 Jahren wird durch den Postboten eine Ladung persönlich zugestellt, in der gegen den des Lesens unkundigen Empfänger eine Geld- und Freiheitsstrafe für den Fall unentschuldigten Ausbleibens angedroht wird!

Und doch hat diese „Gesetzeslücke“ seit dem Inkrafttreten der Reichsjustizgesetze, also seit fast zwei Menschenaltern, zu ernsteren Verwicklungen nicht geführt. Sie lachen. Ich aber sage: Fürwahr ein ehrendes Zeugnis für die Praxis, für die Gerichte und alle Beteiligten. Jugendliche Zeugen bleiben erfahrungsgemäß viel seltener aus als erwachsene. Fälle, in denen Ordnungsstrafen gegen sie verhängt und vollstreckt wurden, sind mir aus der Praxis nicht bekannt. „Ja warum wird denn nicht einfach das Gesetz geändert?“ werden Sie denken. Weil eine derartige gesetzliche Regelung nicht so einfach ist, als es auf den ersten Blick erscheinen könnte, und zu noch größeren Schwierigkeiten führt. Würde z. B. angeordnet, daß die Ladung dem zuzustellen ist, dem die Sorge für die Person des Jugendlichen zusteht, unter der Auflage, den Jugendlichen zum Termin zu stellen, so würde vor der Ladung zunächst zu ermitteln sein, wer dieser Erwachsene ist. Hieraus würden sich neue Verzögerungen ergeben, die der Erforschung der Wahrheit abträglich wären. Zudem müßte zur vorherigen Bestellung eines Pflegers für die Zustellung immer dann geschritten werden, wenn eine Interessenkollision zwischen dem Fürsorgeberechtigten und dem Jugendlichen möglich wäre. Man könnte deshalb bei einer Gesetzesänderung *höchstens* an eine erweiterte Zulassung der Ersatzzustellung denken.

b) Daß bei der Belehrung von Kindern über das Zeugnisverweigerungsrecht meist wenig oder nichts herauskommt, wird jeder Praktiker bestätigen; ist es doch oft schon schwer, einem Erwachsenen die Bedeutung dieses Rechts klarzumachen. Eine Änderung des Gesetzes ist aber hier noch viel schwieriger. Sie könnte nur in der Form geschehen, daß entweder das Recht der Ausübung auf einen Erwachsenen übertragen, oder der Zeuge, dem das Verständnis über die Berechtigung abgeht, von der Vernehmung ausgeschlossen würde. Beide Lösungen sind unbefriedigend. Machen wir uns dabei klar, daß der Gesetzgeber von der *Pflicht* zur Aussage ausgeht und lediglich im *Interesse des Zeugen* ein Recht zur Verweigerung derselben gibt, um ihn nicht als nahen Angehörigen des Beschuldigten in einen schweren Gewissenskonflikt zu bringen, so werden wir schließlich zu der Überzeugung gelangen müssen, daß eine Gesetzesänderung gar nicht geboten ist. Wer das Verständnis über sein Verweigerungsrecht nicht hat und es deshalb nicht ausübt, verliert dadurch noch nicht die Fähigkeit, als Zeuge auszusagen. So ist auch der Standpunkt des Reichsgerichts[1]); die Wahrheitsermittelung zugunsten des Beschuldigten einzuschränken, besteht kein Anlaß.

IV. Doch dies nur nebenbei. Abgesehen von den beiden genannten Spezialpunkten sind nun in den letzten Jahrzehnten außerordentlich zahlreiche Vorschläge von Juristen, noch mehr aber von Psychologen, Medizinern und Pädagogen gemacht worden, die auf den Erlaß von prozessualen Sonderbestimmungen für j. Z. drängen. Sie gründen sich einmal auf die Schwierigkeit ihrer Vernehmungen und die Unzuverlässigkeit ihrer Aussagen, in zweiter Linie auf die Gefahren, denen Jugendliche bei ihrer Hineinziehung in Strafprozesse ausgesetzt sind, halten also eine Sonderregelung sowohl im Interesse der Rechtspflege wie im Interesse der j. Z. selbst für geboten.

Zu einer Änderung der Reichsgesetze haben sie nicht geführt. Das bisherige Ergebnis besteht lediglich in einer Anzahl von ministeriellen *Verfügungen oder Verordnungen*, die in mehreren Einzelstaaten erlassen sind. Auf ihren Inhalt kann ich hier nur summarisch eingehen; Sie finden sie übersichtlich zusammengestellt in der jetzt erschienenen beachtenswerten Schrift der ersten Referentin Fräulein Meyer: „Die Behandlung kindlicher und jugendlicher Zeugen pp.“[2])

Ich erwähnte vorhin, daß die Verordnungen in der Umschreibung

---

[1]) Entsch. d. R.G. in Str. S. 3, 389.

[2]) In Zeitschr. f. d. ges. Strafrechtswissenschaft Bd. 45, S. 126ff.

der Altersgrenzen stark voneinander abweichen. Dasselbe gilt von ihrem übrigen Inhalt. In den meisten von ihnen finden wir indessen als Mindestinhalt — von unwesentlichen Abweichungen abgesehen — die Gedankengänge, die in der Preuß. Allg. Verf. vom 18. XII. 1920[1]) zum Ausdruck gebracht sind. In dieser wird gesagt: Daß die Vernehmung j. Z. — und Beschuldigten —, insbesondere soweit es sich um schulpflichtige Kinder handelt, besonderes Verständnis und Geschick erfordert; daß eine mehrmalige Vernehmung im Vorverfahren nach Möglichkeit zu vermeiden sei; daß der Staatsanwaltschaft empfohlen werde, derartige Personen möglichst nicht durch Polizeibeamte vernehmen zu lassen, sondern, sofern sie nicht selbst die Vernehmung vornehmen, ihre richterliche Vernehmung zu beantragen; daß es auch wünschenswert sei, wenn diese Vernehmungen im Wege der Geschäftsverteilung dem Jugendrichter, nötigenfalls einem anderen in der Behandlung Jugendlicher besonders erfahrenen Richter übertragen würden.

Darüber hinaus schreibt eine Badische Verordnung bei solchen Vernehmungen die Zuziehung eines Elternteiles oder einer anderen Vertrauensperson instruktionell vor, während es in Bayern[2]), Thüringen[3]) und Sachsen[4]) als erwünscht bezeichnet wird, wenn in Sexualprozessen j. Z. in der Voruntersuchung und *selbst in der Hauptverhandlung* nur aus zwingenden Gründen nochmals vernommen werden.

Braunschweig[5]) ordnet an, daß in Sexualprozessen die Gerichte bei der Vernehmung von Schulkindern unter 14 Jahren *Vertretern der Schule*, die mit gewissen *Befugnissen* ausgerüstet sind, die Anwesenheit *zu gestatten haben.*

Mecklenburg-Schwerin[6]) empfiehlt, bei Vernehmung weiblicher Minderjähriger in Sexualprozessen möglichst eine *erwachsene Frau zuzuziehen,* und weist, wenn Mädchen im Kindesalter in Sexualprozessen als Zeugen in Frage kommen, die Staatsanwaltschaft und ihre Hilfsbeamten an, in geeigneten Fällen die *Befragungen durch eine in der Jugendpflege bewanderte Frau vornehmen* zu lassen.

Weiterhin legen Sachsen[7]) und Thüringen[7]) in Sexualprozessen der Staatsanwaltschaft bei der Vernehmung j. Z. die *Zuziehung eines kriminalistisch und sexualpsychologisch geschulten, mit dem Seelenleben des Kindes vertrauten Sachverständigen auf*, der „*auf schwache und unklare*

[1]) J.Min.Bl. S. 741.

[2]) Bekanntm. der Staatsministerien der Justiz und des Innern vom 9. I. 1923 (Nr. 48 804).

[3]) Allgem. Verf. vom 18. I. 1924.

[4]) Verordn. vom 28. III. 1922; J.M.Bl. S. 29. V.O. vom 9. VII. 1923, J.M.Bl. S. 100.

[5]) Verf. d. Staatsmin., Abt. für Recht vom 13. V. 1921 R. 677[1].

[6]) Rundschreiben der Min. d. Justiz, d. Innern und d. Abt. f. Sozialpolitik v. 10. VII. 1923.

[7]) s. o.

Stellen in der Aussage aufmerksam machen und dem Staatsanwalt Anregungen zur Vornahme weiterer Erhebungen geben soll", und zwar Sachsen *imperativ*, Thüringen *instruktionell* in wichtigen Fällen; beide empfehlen auch für die Auswahl von Sachverständigen ihre neu eingerichteten Institute für Psychologie.

Sachsen weist außerdem die Staatsanwaltschaft an, in solchen Prozessen neben den sonstigen Ermittelungen einen *Fragebogen — mit 20 Fragegruppen* — der von dem j. Z. besuchten *Schule* zur Beantwortung zu übersenden und schließlich dahin zu wirken, daß von der Anwendung der *Untersuchungshaft* gegen derart Beschuldigte nur im *äußersten Falle* Gebrauch gemacht werde, „*um die Aussage des j. Z. nicht zuungunsten des Beschuldigten zu beeinflussen.*"

Eine Preußische Allg. Verf. vom 11. XI. 1903[1]) empfahl schon, bei strafbaren Handlungen gegen die Sittlichkeit in der Hauptverhandlung j. Z., besonders die noch im Kindesalter stehenden, im Interesse ihres sittlichen Wohles nach ihrer Vernehmung nach Möglichkeit aus dem Sitzungssaal abtreten zu lassen. Der gleiche Wortlaut findet sich in der Anhaltischen Verf. vom 19. IV. 1923.

Thüringen bestimmt endlich in der Neufassung der Ausf.V.O. zum J.G.G. vom 5. I. 1924, daß dem Jugendrichter bei der Geschäftsverteilung die Vernehmung j. Z. im Rechtshilfeverkehr zu übertragen (§ 32), und anzustreben sei, daß vorgeladene Jugendliche in einem besonderen Raume, wo sie ständig unter Aufsicht seien, warten könnten (§ 20).

Andere Staaten, wie z. B. Hessen, Hamburg, Bremen haben geglaubt, ohne besondere Verfügungen den Bedürfnissen genügen zu können.

Wie sich die Verordnungen außerhalb Preußens bewährt haben, entzieht sich meiner Kenntnis. In Preußen scheint die Verf. von 1903[2]) teilweise in Vergessenheit geraten zu sein. Wenn doch in einzelnen Gebieten, besonders in größeren Städten, die Vernehmungen j. Z. auch jetzt noch durch die Polizei stattfinden, so geschieht das wohl im Hinblick auf die Brauchbarkeit der Vernehmungen durch speziell eingearbeitete Polizeibeamte.

V. Eine Stellungnahme zu den Hauptgedanken der Verordnungen führt uns in die gesamte Reformbewegung. Um aber den uns dort begegnenden Forderungen gegenüber das richtige Augenmaß zu behalten, müssen wir uns ins Gedächtnis zurückrufen, welche Grundsätze die St.P.O. beherrschen.

Nach dem Grundsatz der *freien Beweiserhebung* sind die Ermittelungsbehörden bei der Erforschung der Wahrheit an keine starren

---

[1]) I .7683.

[2]) Sie besteht zweifellos zu Recht. Da der gegenteilige Standpunkt vor einiger Zeit in einem Falle eingenommen wurde, verweise ich auf §§ 59, 243 Abs. 4, 248; St.P.O. § 175 G.V.G. und den Kommentar von Löwe hierzu.

Regeln gebunden: keinerlei Beweismittel sind ihnen versagt[1]), nur in wenigen Ausnahmefällen sind Vernehmungen von Zeugen an Bedingungen geknüpft. Das ist gut. Denn Erschwerungen der Wahrheitserforschung können den Erfolg einer Untersuchung in Frage stellen.

Für die Hauptverhandlung gilt indes — nur von wenigen Ausnahmefällen durchbrochen — die *Unmittelbarkeit des Beweises, ins*besondere § 250 St.P.O.:

„Beruht der Beweis einer Tatsache auf der Wahrnehmung einer Person, so ist diese in der Hauptverhandlung zu vernehmen."

Jeder Praktiker wird bestätigen, daß der lebendige Eindruck einer persönlichen Vernehmung, bei der ein geistiger Kontakt zwischen dem Vernehmenden und dem Zeugen hergestellt wird, durch die indirekte Übermittelung einer Aussage nur unvollkommen ersetzt wird. Bei der Vorlesung eines Protokolls spüren wir auch den Geist dessen, der den Abwesenden vernommen und dessen Aussage formuliert hat. Alles, was uns so oder durch dritte übertragen wird, bleibt farblos, unpersönlich und verliert meist noch mehr an Wert, sobald der Angeklagte sich dazu erklärt.

Der 3. Grundsatz findet seinen Niederschlag im § 261 St.P.O.:

„Über das Ergebnis der Beweisaufnahme entscheidet das Gericht nach seiner freien, aus dem Inbegriff der Verhandlung geschöpften Überzeugung."

Keine gesetzliche Beweisregel bindet das Gericht bei der Würdigung einer Zeugenaussage; nach seiner freien Überzeugung hat es den Inbegriff der Hauptverhandlung zu werten. Alle formellen Unterscheidungen begrabener Rechte zwischen vollgültigen (klassischen) und verdächtigen Zeugen, zwischen vollem und halbem Beweis, zwischen direktem und indirektem Indizienbeweis sind gegenstandslos geworden.

Freies Ermessen des Gerichts entscheidet darüber, wie ein Geständnis zu beurteilen ist, ob die beeidete oder unbeeidete Aussage eines Zeugen den Vorzug verdient, welchen Wert die Bekundung eines Erwachsenen oder eines Kindes hat.

Diese Pfeiler unserer St.P.O. sind keine Rudimente vergangener Zeiten, sondern das Ergebnis einer Jahrhunderte währenden Rechtsentwicklung, ein Gut unserer Zivilisation. Sie uns zu erhalten, ist unsere Pflicht. Sie müssen unsere Leitsterne bleiben, mögen wir mit noch so warmem Herzen an die Fragen herantreten, die die j. Z. betreffen.

VI. Daß Zeugenaussagen keineswegs unbedingt zuverlässige Beweismittel sind, erkennt die St.P.O. schon durch das Prinzip der freien Beweiswürdigung an. Die Unsicherheit von Aussagen gerade j. Z. ist nie bestritten worden. Ebensowenig hat je ein Zweifel darüber bestanden, daß es schwieriger ist, ein Kind zu vernehmen, als einen Er-

[1]) Entsch. d. R.G. in Str. S. 40, 49.

wachsenen. Die Schwierigkeiten wissenschaftlich analysiert zu haben, ist aber das Verdienst namhafter Juristen, Psychologen und Pädagogen der letzten Jahrzehnte. Die Untersuchungen unseres Altmeisters *v. Liszt* und das Handbuch „Der Untersuchungsrichter" des Österreichers *Groß* dürfen wir Juristen mit Stolz als den Ausgangspunkt der *modernen Psychologie der Aussage* bezeichnen. Was früher mehr unbewußt auf Grund von Menschenkenntnis und praktischer Erfahrung von Vernehmenden empfunden war, wurde jetzt planmäßig gesammelt und geordnet. Damit wuchs die Erkenntnis, daß die Vernehmung j. Z. erhöhtes Verständnis und Geschick erfordert.

Seitdem sprechen viele den Richtern, Staatsanwälten und Polizeibeamten die Befähigung zur Vernehmung j. Z. mehr oder weniger ab. Die weitgehendsten Forderungen, vorzugsweise aus pädagogischen Kreisen, wollen sie durch Sachverständige überhaupt ersetzen oder wenigstens in Sexualprozessen j. Z. durch pädagogisch-psychologische und sexualärztliche Sachverständige vernehmen lassen. Nur die Rechtsfindung, nicht auch die Wahrheitsermittelung wird für eine Sache des Gerichts erklärt. Ein zweiter nicht ganz so weit gehender Vorschlag will den Richter wenigstens ermächtigen, einen Sachverständigen mit der selbständigen Vernehmung zu beauftragen.

Andere wollen den Ermittelungsstellen die Vernehmungen zwar lassen, treten aber für *Zuziehung* von Sachverständigen ein. Teils wollen sie ihre Zuziehung allgemein zur Pflicht machen, teils in besonderen Fällen, teils auf Antrag des Beschuldigten; andere begnügen sich damit, sie den Gerichten ans Herz zu legen, andere fordern wieder in gewissen Fällen Begutachtung der Zeugnisfähigkeit durch Sachverständige.

Es versteht sich von selbst, daß bei Vernehmungen j. Z. die Mitwirkung von Sachverständigen unter Umständen geboten oder wünschenswert, in gewissen Fällen auch die psychologische Prüfung und Begutachtung einer gemachten Zeugenaussage am Platze ist. Ich halte es aber für einen verhängnisvollen *Irrtum*, anzunehmen, in *Rechtssachen sei der Sachverständige das Allheilmittel.* Daß er auf breiten Gebieten oft versagt hat — ich erinnere nur an die Versuche der Wucherbekämpfung — wird selten genügend gewürdigt. Herangezogene Sachverständige sind nicht immer sachverständig, nicht jeder Mediziner ist Psychiater. Oft ist ein *objektives, brauchbares* Gutachten schwerer als ein Urteil, ja es verlangt unter Umständen heroische Persönlichkeiten. Man soll dem Sachverständigen keine Verantwortung aufbürden, der er nicht gewachsen ist. *Der Ersatz der ordentlichen Ermittelungsstellen in Strafsachen durch Sachverständige ist grundsätzlich abzulehnen.* Nicht der Psychologe von Fach, sondern nur der psychologisch geschulte Jurist kann untersuchen, sagt Groß. Und was für den Psychologen gilt, trifft auch für den Pädagogen zu.

Im Interesse einer gesunden Rechtspflege kann nur liegen, *auf eine möglichst gute psychologisch-pädagogische Schulung der Stellen hinzuwirken, die im Rahmen der bestehenden Gesetze zur Ermittelung der Wahrheit berufen sind.*

Bei der Stellenbesetzung müßte hierauf freilich entscheidendes Gewicht gelegt werden. Die *Anbahnung* einer Besserung gegen früher ist in der Schaffung von Sonderdezernaten bei Gericht und Staatsanwaltschaft zu erblicken. Im Wege der Geschäftsverteilung kann der Kreis ihrer Tätigkeit allmählich erweitert werden. Wo irgend möglich, müßten Sittlichkeitsdelikte gegen Jugendliche bestimmten Abteilungen und Kammern zugewiesen werden. Auch bei der Polizei ist die Bildung von Sonderdezernaten gegeben. Erfahrene *Polizeibeamte*, die sich, wie in Bremen, auf diesem Gebiete bewährt haben, sollten nicht planmäßig ausgeschaltet werden. Die Organisation der Polizei ermöglicht schleunige Vernehmungen: gerade j. Z. vergessen schnell! Der Vernehmung durch nur allgemein ausgebildete Gendarmen und Revierpolizeibeamte rede ich damit nicht das Wort.

Wer in Strafsachen vernimmt, darf nicht nur juristische Erfahrung und Menschenkenntnis besitzen, sondern muß auch, wie Scheer sagt, forensische Psychologie, wie Groß sagt, Individualpsychologie kennen. Trotzdem kann die exakte Psychologie als jugendliche Wissenschaft noch nicht für sich in Anspruch nehmen, daß man in der Praxis ihre Erfahrungen bereits als Ergebnis einer *abgeschlossenen Wissenschaft* wertet. Die Sektion der Kinderseele ist noch nicht gelungen. Ist es doch der medizinischen Wissenschaft in einer 1000jährigen Entwickelung noch nicht gelungen, mit absoluter Sicherheit jede den *Körper* betreffende Diagnose zu stellen.

Ich ziele damit ab auf die Forderung, die Ermittelungsstellen anzuweisen, die Erfahrungen der experimentellen Zeugenaussagen schon jetzt in der Praxis anzuwenden. Sicherlich haben uns die peinlichen Untersuchungen von Stern, Scheer u. a. ein gutes Stück weiter gebracht, aber für die Praxis hat die Einteilung der Zeugen in visuelle, auditive, motorische usw. doch bislang nur einen problematischen Wert.

Auch bei noch so objektiven Intelligenzprüfungen — unbekannten physikalischen Demonstrationen mit dramatischem Einschlag — sind bis heute Trugschlüsse möglich. Der beste Tatzeuge kann bei der Probe versagen. Noch können wir die menschliche Seele nicht wie eine Pflanze nach Linné bestimmen. Je verwickelter aber der Untersuchungsapparat bei derartigen Experimenten wird, desto größer ist die Gefahr, *daß eine Untersuchung im Sande verläuft.* Obwohl wir diesen wissenschaftlichen Forschungen regste und ernsteste Aufmerksamkeit zuwenden müssen, halte ich es für verfrüht, schon jetzt *bindende* Vorschriften über die Anwendung ihrer Erfahrungen zu erlassen und schon jetzt den Instituten, die auf die neue Wissenschaft und speziell auf ihre eigenen Untersuchungsmethoden eingestellt sind, einen maßgebenden Einfluß auf die Strafrechtspflege einzuräumen.

Von dem sächsischen Fragebogen für die Schule — mit den 20 Fragegruppen — verspreche ich mir selbst dann keinen wesentlichen Erfolg, wenn er stets gewissenhaft und mit Verständnis beantwortet werden sollte.

Ob bei oder nach den Vernehmungen j. Z. ein Sachverständiger zuzuziehen ist, muß m. E. dem pflichtgemäßen Ermessen der Ermittelungsstellen überlassen bleiben. Die Zuziehung allgemein oder, was noch schlimmer ist, *auf Antrag des Beschuldigten* zur Pflicht machen, bedeutet eine Erschwerung und Verteuerung der Wahrheitsermittelung, ohne sie wesentlich zu fördern, legt auch die Gefahr nahe, daß der Sachverständige zum zerstörenden Fremdkörper wird, in dem der Vernehmende einen Kontrolleur erblickt. Sind nicht beispielsweise in Sachsen, wenn der Sachverständige „Zweifel äußert oder Anregungen gibt", die den Widerspruch des Richters oder Staatsanwalts finden, trotz allen Taktes auf beiden Seiten Auseinandersetzungen möglich, deren Opfer die Aussage des j. Z. wird? Wird nicht dadurch auch die Protokollierung ungemessen erschwert, ganz zu schweigen von den Schwierigkeiten bei der Wertung einer solchen Aussage durch das erkennende Gericht, *in dem neben Berufsrichtern Laienrichter* sitzen? „Wäre das Gericht zu seelenkundigen Versuchen an Zeugen auf *Antrag* verpflichtet, so könnte durch solche Anträge eine entsprechende Durchführung der Hauptverhandlung geradezu unmöglich gemacht werden" heißt es in einer Reichsgerichtsentscheidung[1]).

Nach dem Gesagten kann ich es ferner nicht für richtig halten, vorzuschreiben, daß in bestimmten Fällen erwachsene Vertrauenspersonen bei Vernehmung j. Z. zugezogen werden *müssen*. Die Anwesenheit der Mutter *kann* bei der Vernehmung eines Mädchens im Kindesalter von außerordentlichem Wert sein, sie *kann* aber auch schädlich sein, wenn z. B. das Kind sich schämt, vor den Ohren der Mutter die Wahrheit zu sagen. Derartige Fälle habe ich wiederholt erlebt.

Danach scheinen mir verschiedene Verordnungen mit ihren Anweisungen reichlich weit zu gehen.

Daß *Suggestivfragen* zu vermeiden sind, ist bekannt. Eine gesetzliche Vorschrift, die sie ausschlösse, würde jedoch zu einer fortlaufenden Quelle von Auseinandersetzungen darüber werden, ob eine Frage als eine Suggestivfrage anzusehen ist oder nicht.

Bestreiten möchte ich, daß die Aussage, die ein j. Z. im Zusammenhange, ohne durch Fragen unterbrochen zu werden, macht, unter allen Umständen die zuverlässigste ist. Die Erfahrung lehrt, daß es sich

---

[1]) R.G. in Str. S. 40, 49.

häufig — namentlich bei späteren Vernehmungen — empfiehlt, durch *Unterbrechungen* zunächst den Einfluß dritter zu paralysieren.

Der Vorschlag, das *Kreuzverhör* bei j. Z. zu beseitigen, und in der Hauptverhandlung nur dem Vorsitzenden das *Fragerecht* zu geben, hat manches für sich. Ich glaube indes, daß der Vorsitzende als Leiter der Verhandlung in der Lage ist, den Verhältnissen auch jetzt schon gerecht zu werden und schlimmsten Falls gemäß § 241 St.P.O. verwirrende Fragen abzuschneiden.

Schließlich halte ich es für verfehlt, aus dem Satz, auf Kinderaussagen allein sollte nie eine Verurteilung erfolgen dürfen, die Notwendigkeit der Aufstellung einer das Gericht bindenden gesetzlichen Beweisregel abzuleiten. Eine solche würde nicht allein dem Grundsatz der freien Beweiswürdigung widersprechen und dessen Bedeutung verkennen, sondern auch für die Praxis wertlos sein. Die Beweisregel zu entkräften, würde z. B. schon die Feststellung des schlechten Eindrucks genügen, den der Angeklagte macht.

VII. Dem Grundgedanken, *j. Z. von Vernehmungen* nach Möglichkeit *fernzuhalten*, stimme ich rückhaltlos zu. Die idealste Lösung wäre, wenn wir von ihrer Vernehmung überhaupt Abstand nehmen könnten. Jede Hineinziehung Jugendlicher in Strafverfahren kann ihr Gemütsleben und ihr sittliches Wohl beeinträchtigen, und unbestreitbar wird ein j. Z., der das Opfer eines Sittlichkeitsverbrechens geworden ist, durch die Vernehmungen und alles, was damit zusammenhängt, unter Umständen mehr geschädigt, als durch den an ihm begangenen Frevel.

Trotzdem kann die Strafrechtspflege auf dieses Beweismittel nicht verzichten. Unser *Nachwuchs* bedarf, wie die bayerische Bekanntmachung in eindringlichen Worten hervorhebt, des besonderen Schutzes. Strafverfahren wegen Sittlichkeitsverbrechen an Jugendlichen erfordern vorzugsweise Behandlung. In solchen Fällen Beschuldigte grundsätzlich mit der Untersuchungshaft zu verschonen, unterliegt schwersten Bedenken. Je gründlicher und schärfer gegen derartige Verfehlungen eingeschritten wird, desto wirksamer schützen wir unseren Nachwuchs.

Schon aus diesem Grunde kann der Forderung, j. Z. bis zu einer gewissen Altersgrenze von der *Vernehmung auszuschließen*, nicht beigepflichtet werden. Die Berufung auf fremde Rechte, in denen sich aus uralten Zeiten ein solcher Ausschluß noch gehalten hat, ist als verfehlt zu bezeichnen. Das moderne Recht gibt dem Richter jedes Beweismittel zur Erforschung der Wahrheit an die Hand. Der Ausgleich findet in der freien Beweiswürdigung statt. Würden Kinder gesetzlich als Zeugen ausgeschlossen, so läge hierin geradezu ein Anreiz, strafbare Handlungen gegen sie oder in ihrer Gegenwart im Vertrauen auf das Versagen dieses Beweismittels zu begehen.

In Bagatellprozessen j. Z. auszuschließen, wäre außerdem unlogisch, denn dann würde nur für die schweren Fälle dieses „unzuverlässigste aller Beweismittel" beibehalten.

Ist die Erledigung eines Strafverfahrens ohne j. Z. möglich, so soll natürlich ohne sie ausgekommen werden. Hier liegt ein dankbares Betätigungsfeld für die Gerichte und die Polizei. J. Z. sollen nur geladen werden, wenn es auf ihre Vernehmung ankommt. Peinliche Nachprüfung dieser Frage in allen Stadien des Verfahrens, namentlich auch in der Berufungsinstanz, ist am Platze. Oft dürfte eine Anregung des Gerichts ausreichen, um die Beteiligten zu einem Verzicht auf dieses Beweismittel zu veranlassen.

Geladene Jugendliche sind schnell abzufertigen, damit sie nicht unnötig Vorgänge erleben, die ihre Phantasie erregen und verwirren. Aus dem Sitzungssaal sind sie möglichst schnell wieder zu entfernen. Aber auch ihr Aufenthalt in den Warteräumen und den Korridoren erfordert die stetige Aufmerksamkeit der Polizei und der Gerichte. Der entsprechende Hinweis in der thüringischen Ausf.V.O. zum J.G.G. erscheint mir sehr beachtlich.

Sicherlich ist es erstrebenswert, wenn gerade in Sexualprozessen j. Z. möglichst selten vernommen werden. Ausgeschlossen ist es aber, die Zahl der Vernehmungen gesetzlich zu beschränken. Das kann nur von Fall zu Fall entschieden werden. Hinweise, von vornherein gründliche Vernehmungen durch besonders vorgebildete Personen zur Vermeidung überflüssiger Wiederholungen stattfinden zu lassen, sind zu begrüßen. Nicht unbedenklich scheint mir aber zu sein, in Verordnungen ohne Hinweis auf § 250 St.P.O. den Gerichten zu empfehlen, auch in der Hauptverhandlung von der Vernehmung j. Z., wenn irgend möglich, Abstand zu nehmen, denn an der Unmittelbarkeit der Beweiserhebung in der Hauptverhandlung muß grundsätzlich festgehalten werden. Selbst wenn ein j. Z. — wegen der Länge der verflossenen Zeit — zur Sache selbst nichts mehr zu sagen vermag, wird der persönliche Eindruck, den er auf das erkennende Gericht macht, nicht selten für die Bewertung seiner früheren Auslassungen dritten gegenüber von Bedeutung sein. Ungleiche Vernehmungen erschweren schließlich die Abwägung verschiedener Aussagen in außerordentlichem Maße.

Nach alledem glaube ich, daß zu einer *Änderung* der *gesetzlichen Verfahrensvorschriften* eine Notwendigkeit *nicht* vorliegt. Um eine möglichst einheitliche Behandlung der Sachen, in denen j. Z. in Betracht kommen, zu erzielen, sind Verordnungen oder Verfügungen der Zentralstellen angebracht. In welchen Grenzen sie sich halten möchten, habe ich versucht, in großen Zügen zum Ausdruck zu bringen. Wichtiger als alle Verordnungen ist das *Verständnis* und das *Verantwortungsgefühl* der Stellen, denen die Vernehmung j. Z. obliegt.

VIII. Ich bin am Ende meiner Ausführungen, bitte aber noch auf zwei Punkte hinweisen zu dürfen:

a) Ein Teil der von dritter Seite gemachten Vorschläge enthält offene oder versteckte Vorwürfe gegenüber dem Richterstande. Hierzu möchte ich einmal bemerken, daß deren Wertung darunter leiden muß, wenn — von rühmlichen Ausnahmen abgesehen — regelmäßig nur auf Fälle hingewiesen wird, in denen das Gericht zuungunsten des Beschuldigten einem j. Z. zu Unrecht geglaubt haben soll. Im Interesse des Schutzes der Jugendlichen gegen Verbrechen sollten dann doch auch die sicher viel zahlreicheren Freisprechungen herangezogen werden, in denen das Gericht dem j. Z. zu Unrecht nicht geglaubt haben soll. Außerdem werden aber die Gründe, die die Überzeugung des Gerichts gestützt haben, nur zu oft von dritten verkannt.

Eine objektive Berichterstattung über eine Hauptverhandlung in Strafsachen ist schwer. Nicht einmal ein Sprechapparat reicht dazu aus. „Die Beobachtung des Benehmens eines Zeugen ist oft wichtiger als das Zeugnis“, sagt schon Thomas Sterkie. Der Inbegriff der Hauptverhandlung muß erlebt werden, aber nicht einmal jeder im Gerichtssaal Anwesende erlebt ihn in seiner Totalität. In einem Falle, der sich in meiner Strafkammer abgespielt hat, entschied ein flüchtiger, nur von den Richtern aufgefangener Gesichtsausdruck des Angeklagten. So sind häufig Eindrücke maßgebend, die sich bei der Urteilsbegründung kaum wiedergeben lassen. Wie soll man den Tonfall einer Aussage, wie soll man Blicke, Gesten in Worten ausdrücken? Die Urteilsgründe lauten dann meist: „Für die Überzeugung des Gerichts war maßgebend u. a. das Verhalten des . . . in der Hauptverhandlung.“ Hier liegt die Ursache für manche Mißverständnisse.

b) Ich will die Richter nicht besser machen, als sie sind. Ich stelle sogar sehr hohe Anforderungen an sie, erkläre auch offen, daß ich oft etwas von dem heiligen Feuer in ihnen vermisse, ohne das der Strafrichter nicht seinem Berufe gerecht werden kann. Irrtümer werden vorkommen, solange es Menschen gibt. Sie nach Möglichkeit auszuschließen, ist unsere Aufgabe. Jugendliche Zeugen stellen an die Richter außergewöhnliche Anforderungen. *Der Ruf nach besonders geeigneten Richtern erschallt aber auf allen Gebieten der Justiz.* Besonders erfahren soll bei unserem immer verwickelter werdenden Rechts- und Wirtschaftsleben der Zivilist sein, besonders geeignet der Strafrichter.

Bei der Verabschiedung des J.G.G. faßte der Reichstag die Entschließung: „Es möchten für das Amt eines Jugendrichters wie überhaupt für das Amt des Strafrichters gerade die bestbefähigten Richter herangezogen werden.“ Wie und wo die nur befähigten Richter verwandt werden sollen, bleibt unklar. Demgegenüber wird von anderer Seite davor gewarnt, daß der Richter nur in *einer* Materie tätig sei, und ein reger Wechsel zwischen Zivil- und Strafrichter angestrebt[1]). So erblickt Ebermayer[2]) gerade in dem fortgesetzten Wechsel zwischen Staatsanwalt und Zivilrichter einen Vorzug der bayerischen Praxis.

Ich meine: Beiden Wünschen Rechnung zu tragen, ist ausgeschlossen. Qualitätsleistungen erfordern Spezialisten. Das Gebiet der Rechtspflege wächst von Tag zu Tag; in allen Zweigen der Bestbefähigte zu sein, wird wenigen beschieden sein. Lassen Sie uns deshalb lieber offen und ehrlich zur Heranbildung von Spezialjuristen übergehen, die in ihrem Fache Meister sind. Die Rechtspflege kann nur dabei gewinnen.

Zeugenaussagen von Kindern und Jugendlichen.

III. Referat.

Von

A. Wetzel.

Die Stellung des Richters zu den Ergebnissen der wissenschaftlichen Wahrnehmungs- und Aussageforschungen bei Kindern und Jugendlichen.

Wenn Zeugenaussagen von Kindern und Jugendlichen zum Gegenstand eines Referates bestimmt sind, so geht die erste Frage dahin, wie angesichts der erdrückenden Fülle des Einzelmaterials ein Überblick über das Ganze gewonnen werden kann, und was weiterhin im einzelnen als Unterlage für das Referat herausgeschnitten werden soll.

Wenn wir zur Orientierung nur ein paar wahllos herausgegriffene Punkte aus dem ganzen Gebiet festlegen, so werden wir rasch inne, daß neben dem Grundmaterial über die Psychologie der Kinder und Jugendlichen selbst, über die Besonderheiten ihrer Wahrnehmung, Auffassung und Wiedergabe, so wie es etwa in *Sterns* Psychologie der Aussage und unter seiner Führung weiterhin in der Zeitschr. f. angew. Psychologie niedergelegt ist[3]), etwa die Befassung mit einem der allerschwierigsten und noch nicht annähernd durchgearbeiteten Gebiete der Psychologie,

---

[1]) Z. B. Entwurf eines Ges. zur Neuordnung der Strafgerichte von 1922 — § 69a G.V.G.

[2]) Deutsche Richterzeitung 1924, S. 147.

[3]) Entsprechend dem Charakter dieser Ausführungen als eines auf dem 6. Deutschen Jugendgerichtstag in Heidelberg im September 1924 erstatteten Referates können Literaturverweise nur ganz vereinzelt eingeschaltet werden. Insbesondere wird die sehr umfangreiche Literatur, welche sich auf die hierhergehörigen Forschungen W. Sterns und seiner Schüler bezieht, als bekannt vorausgesetzt. Es wird sich aus dem Referat selbst ergeben, daß die Kenntnis der Ergebnisse jener psychologischen Massenuntersuchungen von Kindern und Jugendlichen eine notwendige Ergänzung bilden muß.

das hier nur mit dem Kennwort des „prälogischen Denkens“ markiert werden soll, ebenso in den Bereich des Referatthemas gehört wie die Meinung von Reichsgerichtsentscheidungen über die Altersgrenzenfrage, wie die Wesensart des Gendarmen und der Typus seiner Vernehmungen; das heißt aber mit anderen Worten, daß die Einzelprobleme und Unterfragen des Themas sich nicht nur auf ein sehr weites Gebiet verteilen, sondern daß sie auch in ganz verschiedenen Ebenen liegen, mit der Konsequenz, daß beim Herausschneiden von Einzelfragen die Aufrechterhaltung eines methodisch klaren Zusammenhanges mit dem Ganzen nicht leicht ist. Trotzdem muß der Versuch zu einem solchen Herausschneiden gemacht werden, denn ein geschlossener Überblick über das Ganze könnte auch bei sehr reichlich bemessener Zeit tatsächlich nicht mehr als eine dürre und farblose Disposition sein.

Die der Besprechung zur Verfügung stehenden Probleme ordnen sich in die Ebenen einer rein psychologischen und einer forensisch-psychologischen Betrachtungsweise ein. Der Nachdruck soll im folgenden auf der *zweitgenannten* Einstellung liegen, das heißt, es sollen vor allem die Beziehungen zwischen dem Richter (sinngemäß natürlich auch dem Staatsanwalt und dem Verteidiger) auf der einen Seite und auf der anderen Seite dem Gutachten des Sachverständigen, der jenem die Ergebnisse psychologischer Aussageforschung bei Kindern und Jugendlichen vermittelt, kritisch untersucht werden. Auf der Seite der Sachverständigentätigkeit wird dabei unter anderem auch die Übermittlung allgemeiner, für die Masse giltiger Ergebnisse und die psychologische Begutachtuug des Einzelfalles auseinander zu halten sein.

Wenn zunächst einige Ergebnisse aus der psychologischen Aussageforschung an Kindern und Jugendlichen besprochen werden sollen, so kann es sich dabei nicht um mehr handeln, als um das Herausgreifen von ein paar Beispielen, die vor allem *das* unterbauen sollen, was später prinzipiell und kritisch zu jener Übermittlung dieser Ergebnisse an den *Richter* zu sagen ist. Allerdings müssen wir dabei hier schon eine Einschränkung vornehmen. Unser Thema redet zwar von Kindern und Jugendlichen, aber bei unserer psychologischen Betrachtung sind wir außerstande, eine solche Zweiteilung streng durchzuführen. Für uns handelt es sich um unreife, unfertige, unentwickelte Menschen auf den allerverschiedensten Stufen dieser Unfertigkeit im Gegensatz zu dem reifen, in seiner Entwicklung abgeschlossenen Menschen. Fließende Übergänge führen von der frühen Kindheit bis zum Erwachsenen, und jene scharfe Absetzung ist schon deshalb nicht durchführbar, weil auch außerhalb des Bereiches des Abnormen und Pathologischen das geistige Entwicklungsalter nicht immer in gleicher Weise dem Lebensalter entspricht. Sicherlich faßt etwa eine Scheidung in noch nicht schulpflichtige, schulpflichtige und schulentlassene Kinder und Jugendliche Abstufungen, die auch psychologisch bedeutsam sind; die verschiedenen Entwicklungsstadien und Entwicklungsformen greifen aber so stark ineinander über, daß dieses Übergreifen und seine Formen eine gesonderte Betrachtung nötig machen würden. Hier, wo Beschränkung vor allem not tut, mag Ausgangspunkt der unfertige und unentwickelte Mensch schlechtweg sein, und jenes *fließende* Sichheraufentwickeln aus den primitiven kindlichen Stufen soll dabei als selbstverständlich angenommen werden. Auch unsere Strafprozeßordnung kennt ja zwar die Beeidigungsgrenze, aber nicht eine Grenze zwischen Kindern und Jugendlichen, ja auch — im Gegensatz etwa zu *Feuerbachs* bayrischem Strafgesetzbuch — keine Vernehmungsgrenze nach unten. Jene Reichsgerichtsentscheidung, welche die Vernehmung von kleinen Kindern als grundsätzlich zulässig erklärt hat, besteht auch heute noch zu Recht und auch jene andere, welche besagt, daß das fehlende Verständnis für das Recht der Zeugnisverweigerung kein Einwand gegen die Vernehmungsmöglichkeit selbst sei. Ich sage das durchaus nicht, um etwa eine Kritik daran anzuknüpfen: sie liegt außerhalb meiner Kompetenz, weil ja noch ganz andere Gesichtspunkte hier hereinspielen, als nur die psychologischen. Und damit, daß der Richter ein Kind vernimmt, ist ja durchaus nicht gesagt, daß er dessen Angaben auch verwertet. Erwähnt werden jene Reichsgerichtsentscheidungen nur, um zu belegen, daß die Notwendigkeit der richterlichen Beschäftigung mit der Psychologie der Aussage von Kindern und Jugendlichen durch das *Fehlen* jener Grenze nach unten noch unterstrichen wird.

Also, unreife Menschen und Erwachsene, das ist der Gegensatz, der vorausgesetzt wird, wenn die gesonderte Behandlung der Psychologie der Aussage von Kindern und Jugendlichen Sinn haben soll. Es ist nicht überflüssig, bei diesem Gegensatz kurz zu verweilen. Wer sich nämlich lediglich mit der psychologischen Aussageforschung bei Kindern und Jugendlichen beschäftigt, etwa deshalb, weil ihn sein Beruf nur mit jungen Menschen in Berührung bringt, der wird leicht geneigt sein, hinter den Fehlern und Verschiebungen der Wahrnehmungen und Aussagen unerwachsener Menschen einen *größeren* Gegensatz zu der Aussagepsychologie der Erwachsenen zu vermuten, als er in Wirklichkeit besteht. Als vor vielen Jahren im *v. Liszt*schen Seminar jener inzwischen sehr bekannt gewordene und in allen möglichen Abwandlungen wiederholte Versuch gemacht wurde, bei dem man eine bis in alle Einzelheiten abgekartete, den Seminarteilnehmern aber nicht als Spiel bekannte Raufszene vorführte, um unmittelbar danach von den Seminarteilnehmern über das Gehörte und Gesehene Bericht erstatten zu lassen, da erregten die dabei zutage getretenen Fehler und Ungenauigkeiten ein gewisses Entsetzen. Aber schon bald danach konnte *Stern*, der uns mit seinen Schülern ein besonders umfangreiches und wichtiges Material zur Aussageforschung geschenkt hat, den Satz formulieren, daß die fehlerlose Erinnerung nicht die Regel, sondern die Ausnahme sei, ohne daß er allerdings damit dem erfahrenen Kriminalisten etwas grundsätzlich Neues sagen würde.

Vieles von dem, was an Wahrnehmungs- und Aussagefehlern in der Literatur der kindlich-jugendlichen Aussagepsychologie auftritt, gehört tatsächlich der *Aussagepsychologie schlechthin* an; und darauf wird nicht immer genügend hingewiesen.

Andererseits ist natürlich auch daran kein Zweifel, daß jene unreifen Altersstufen in der Aussage ihre eigenen, nur ihnen zukommenden Fehlerquellen haben, daß die Aussagen durch die verschiedensten, aus den Besonderheiten gerade der *unfertigen* Entwicklungsstufen kommenden Einflüsse verändert werden. Man denkt bei einer solchen Feststellung in erster Linie an die Beeinflussung im *Sinne der Störung*. In Wirklichkeit stößt man aber durchaus nicht lediglich auf eine *Steigerung* der Wahrnehmungs- und Aussage*fehler* auf seiten der Jugendlichen, wenn man jene Frage des Unterschiedes gegenüber den Erwachsenen ins Auge faßt. Es gibt nämlich auf der Seite der Jugendlichen nicht nur Minusabweichungen von der durchschnittlichen Korrektheit, sondern auch Plusabweichungen. Das wissen wir schon von *Hans Groß*, dessen Kompetenz auf diesem Gebiete niemand bestreiten wird. Er hat einmal in seinem Handbuch für Untersuchungsrichter gesagt, daß Kinder in gewissen Beziehungen die besten Zeugen seien, weil Leidenschaft und Sonderinteressen auf sie noch nicht einwirken wie auf Erwachsene, weil die Kinder weiterhin oft irgendeinen Vorgang zwar nicht verstehen, aber dabei doch instinktmäßig wahrnehmen, daß da irgend etwas nicht in Ordnung ist und ihm daher besonderes Interesse entgegenbringen. *Groß* hat an derselben Stelle auch gesagt, daß ein der ersten Kindheit entwachsener Knabe, sofern er gut geartet sei, der beste Beobachter und Zeuge sein könne, weil er mit Interesse alles verfolge und unbefangen kombiniere und treu wiedergebe, während allerdings das gleichaltrige Mädchen oft eine unzuverlässige, ja gefährliche Zeugin sein könne. Auch wir werden neben den Minderleistungen jugendlicher Zeugen im Vergleich zu den Durchschnittsleistungen des reifen Menschen jene Mehrleistungen zu streifen haben.

Jene neuerdings in verschiedenen deutschen Ländern ergangenen Bestimmungen, die sich auf die Vernehmung jugendlicher Zeugen in Sittlichkeitsprozessen beziehen, und die bei aller Verschiedenheit im einzelnen die gemeinsame Tendenz haben, zum Zweck der Verringerung von Aussagefehlern diese Vernehmungen erstens überhaupt einzuschränken und zweitens in die Hand von besonders geeigneten Menschen zu legen[1]), richten sich vor allem gegen Möglichkeiten einer ungünstigen

---

[1]) Vgl. dazu: *Charlotte Meyer*, Die Behandlung kindlicher und jugendlicher Zeugen bei Sittlichkeitsprozessen, betrachtet vom sozialfürsorgerischen Standpunkt. Zeitschr. f. d. ges. Strafrechtswiss. 45, 1924.

Beeinflussung der Aussage, die im Zeitpunkte der *Wiedergabe des Wahrgenommenen* sich geltend machen können. Es ist aber selbstverständlich, daß wir auch in den vorangehenden Phasen, im Zeitpunkt der Wahrnehmung selbst, der inneren Einordnung des Wahrgenommenen und besonders auch der Aufbewahrung des Aufgenommenen schon mit recht erheblichen, recht schwer zu fassenden und im einzelnen abzugrenzenden, die korrekte spätere Wiedergabe störenden Einflüssen zu rechnen haben. Derartige Einflüsse gelten zu einem Teile für reife und unreife Menschen gleichermaßen, zu einem anderen Teile kommen sie allein oder in besonderem Maße den unfertigen Altersstufen zu. Um ein Beispiel zu nennen: die bekannte Differenzierung in akustische, optische, taktil-motorische Wahrnehmungstypen gilt natürlich auch für den Erwachsenen, aber da sie mit zunehmender Entwicklung durch Erziehung und Übung abgeschliffen und zu einem Teile ausgeglichen wird, so kann sie unter Umständen gerade im Jugendalter, in dem sie sich noch stärker und prägnanter geltend macht, für die Wahrnehmungsunterlage einer Aussage *eine größere Bedeutung haben* als in späteren Jahren, wobei wir das neuerdings wissenschaftlich vielfach bearbeitete, aber noch nicht endgültig geklärte Problem, ob es einen jugendlichen Typus gibt mit der Fähigkeit, optische Eindrücke eine Zeitlang nicht mit dem Charakter der Vorstellung, sondern mit den Merkmalen der unmittelbaren sinnlichen Wahrnehmung selbst zu bewahren (*Jänsch*), hier vernachlässigen wollen. Bei jenen Unterschieden zwischen „Gesichtsmenschen", „Gehörmenschen" usw. handelt es sich natürlich nicht um Auge und Ohr im körperlichen Sinne; es sind hier schon wesentliche Unterschiede in der *seelischen Grundstruktur* getroffen, und es kann ganz allgemein gesagt werden, daß noch mehr als bei Erwachsenen gerade beim Aufbau der Aussagen unreifer Menschen jene seelischen Elemente eine besondere Rolle spielen können, aus denen sich die individuelle Wesensart überhaupt aufbaut, und die dann späterhin in der Zeit bis zum fertigen Menschen Objekt der fördernden und entwickelnden, hemmenden und zurückdrängenden, dämpfenden und aufrüttelnden Tätigkeit der Erziehung sind, demnach also auf diesem Wege mannigfaltige Abschleifungen, Biegungen und Modifikationen erfahren, mit dem Ergebnis einer Annäherung an den „Durchschnitt". Erwähnt sei in diesem Zusammenhang etwa der Aufmerksamkeitstypus, die schweifende oder die fixierende Aufmerksamkeit, das Interesse, das rasch und ungründlich über alles hinweghuscht, sich leicht zu Neuem hinlenken läßt, und jenes, das an einer Stelle bohrt und dabei nur ein kleines Blickfeld übersieht. Dann: Verträumtsein und Wachheit, nüchterne Klarheit und Tendenz zu spielerisch phantastischer Verarbeitung, nicht zum wenigsten die Intelligenz nach Grad und Art und all die verschiedenen komplizierten psychologischen Gebilde, die aus dem Ineinanderwirken der verschiedenen seelischen Qualitäten zustande kommen und sich in den seelischen Mechanismus einordnen; alles das kann *für die Zeugenaussagen der Unfertigen besonders bedeutsam* werden, weil alle diese Dinge unmittelbarer, frischer, lebendiger, weniger ausgeglichen, weniger abgeschliffen nebeneinander stehen.

Unmittelbar mit der Wahrnehmung selbst wirkt sich in der Gestaltung des inneren Bildes die Tendenz zur *Einordnung der Wahrnehmung*, zur Angliederung an schon Bekanntes und andererseits zur Feststellung des Charakters des Neuen, noch nicht Erlebten aus. Damit ist wiederum ein Bestandteil des Unterbaus einer Aussage berührt, der gerade im Rahmen der jugendlichen Aussagen besonders bedeutsam ist. Es ist selbstverständlich, daß jener Bekanntheitscharakter eines wahrgenommenen Vorgangs sich beim erwachsenen Menschen häufiger einstellen wird als beim unerwachsenen. Er wird beim Erwachsenen gerade für die richtigen und richtig eingeordneten Wahrnehmungen seine besondere Rolle spielen, weil er, grob bildlich gesehen, die Vernachlässigung des Unwesentlichen, Akzidentellen möglich macht, die Teilung der Aufmerksamkeit verhindert und sie durch das Wegfallen der mit der Unkenntnis verbundenen affektiven Spannungen gewissermaßen sich konzentrierter auswirken läßt. Aber bedeutsamer im Bereich unserer Ausführungen ist beim Erwachsenen die wahrnehmungs*fälschende* Wirkung der Bekanntheitsqualität einer Wahrnehmung. Als man an immer genauere Ausdeutungen jener dem erwähnten Experiment aus dem *v. Liszt*schen Seminar nachfolgenden Versuche ging, da ergaben sich verblüffende und merkwürdige Resultate, die u. a. darauf hinausliefen, daß unter einigermaßen gleichen Bedingungen die Fehler in der Beobachtung und Einordnung und die Fehler, die sich im Laufe der Aufbewahrung des Wahrgenommenen einstellen, sich mit einer *viel* größeren Gleichmäßigkeit auf die in Betracht kommenden Personen verteilen, als das die Erfahrung des täglichen Lebens annehmen möchte. Es ist das ein sehr sicher gestelltes Ergebnis, das u. a. auch *die* Auffassung erschüttern kann, welche ganz allgemein bei der Zeugeneinvernahme die Erfassung des vermeintlich Richtigen allzusehr auf die Übereinstimmung der Aussagen aufbaut. Wenn etwa ein Mensch täglich mit einer Aktenmappe in der Hand, einmal aber auch ohne die Mappe, eine Anzahl anderer Menschen passiert, und wenn es sich später dann etwa darum handelt, ob einmal beobachtet wurde, daß er keine Mappe bei sich gehabt hat, so werden wir von den meisten Zeugen hören, daß sie gewiß seien, immer die Mappe gesehen zu haben. Das hängt mit dem ganz allgemeinen, natürlich völlig unbemerkt ablaufenden Streben zusammen, bei der Gleichartigkeit eines Eindruckes, den ein *Gesamt*vorgang hinterläßt, auch die Gleichartigkeit des *Einzelteils* dieses Gesamtvorganges anzunehmen und so als vermeintliche Beobachtung zu registrieren. Was hier an einem sehr einfachen und übersichtlichen Beispiel erläutert ist, das kann sinngemäß auch für die Auswirkung anderer Erfahrungen gelten.

Der unreife junge Mensch verhält sich nun auf diesem Gebiet natürlich nicht durchweg und grundsätzlich anders als der Erwachsene, aber wir haben doch einige sehr wichtige Nüancen herauszuheben. Bei den Beobachtungen und Wahrnehmungen von Kindern und Jugendlichen wird häufiger als beim Erwachsenen jener Bekanntheitscharakter fehlen. Der junge Mensch hat — wenn man so sagen will — noch nicht die vielen Schubfächer zur Verfügung, in die er seine Beobachtungen einreihen kann. Das kann sich einmal auswirken in dem Sinne — und damit kommen wir zu einer der zuvor genannten *Mehr*leistungen —, daß das Fehlen von bereitliegendem Analogem das Wahrgenommene *korrekter* und *richtiger* macht; die Beobachtung kann sich gewissermaßen unbeeinflußt auf das Wahrgenommene einstellen, sie wertet nicht von vornherein schon und ist nicht in eine bestimmte Richtung dirigiert. Also gerade durch die Notwendigkeit, einen solchen Eindruck als etwas Neues, bisher nicht Registriertes aufzunehmen, kann die Zuverlässigkeit gestützt werden, aber natürlich kann diese Notwendigkeit unter einer etwas anderen Konstellation die Beobachtung auch besonders *unzuverlässig machen.* Man wird dabei nicht übersehen dürfen, daß es eine unzulässige Schematisierung bedeuten würde, wollte man annehmen, es handele sich bei diesen verwickelten psychologischen Vorgängen sozusagen nur um eine Feststellung des Fehlens oder Vorhandenseins jener Bekanntheitsqualität. Es ergibt sich ja schon aus der Ausdeutung jenes simplen Beispieles vom Manne mit der Aktenmappe, daß wir mit einem Streben zum Erfassen des Bekanntheitscharakters, also mit der psychischen Einstellung auf etwas, das gefunden werden will, zu rechnen haben. Nimmt man dazu die Eigenarten der kindlichen Psyche, die besondere Auswirkung der Phantasie, die Tendenz und Fähigkeit, aus kleinen Einzelmerkmalen ein Ganzes zu bilden, so ergibt sich, daß häufig genug das Fehlen der Bekanntheitsqualität gar nicht erkannt wird, daß vermeintliche Bekanntheit für das Ganze des Wahrgenommenen herangeholt wird, oder daß Lücken im Verständnis eines Vorganges, der teils gewohnt, teils ungewohnt und neu ist, auf diese Weise mit erheblicher Verfälschung ergänzt werden.

Alle diese Vorgänge spielen sich natürlich durchaus nicht nur im Bereich der verstandesmäßigen Funktionen ab. In allen ihren Phasen und so auch schon in den ersten Phasen der Wahrnehmung und der Einordnung ist die kindliche Aussage im weitesten Sinne affektiven Einwirkungen der allerverschiedensten und kompliziertesten Art unterworfen. Daß solche affektiven Momente in der Regel die Treue der Aussage *trüben*, ist bekannt.

Es kann nun aber auch vorkommen, daß eine Wahrnehmung, ein Erlebnis auf dem Wege über jene Bekanntheitseigenschaft beim Erwachsenen sofort einen psychischen Schock, Angst, Schreck, Sorgen usw. auslöst, daß aber bei dem Kinde auf dem Wege über die Unbekanntheit — man denke etwa an irgendeine erfahrungsgemäß gefahrbringende Situation — jene Affektauslösung unterbleibt, so daß eine Wahrnehmung zustandekommen kann, die dem Erwachsenen auf Grund *seiner* Erfahrung in ihrer Treue ganz unglaubhaft vorkommt.

Zwischen der Wahrnehmung mit der unmittelbaren Einordnung des Wahrgenommenen und der Aussage liegt die Phase der Verwahrung des Wahrgenommenen. Beim fertigen wie beim unfertigen Menschen wirken sich hier in unendlicher individueller Mannigfaltigkeit die Gedächtnisbeschaffenheit und der Grad des Interesses aus, jene Einordnungstendenzen machen sich weiter geltend und mit ihnen das unbemerkte Streben nach Formung, Abrundung, Organisierung. Aber in diesem Stadium der Verwahrung einer Beobachtung ist bei der ganzen Labilität, Aufwühlbarkeit, Anregbarkeit und Widerstandsunfähigkeit der durchschnittlichen kindlichen Psyche die Gefahr der Verschiebung und Veränderung des Wahrgenommenen ganz *besonders groß*. Wohl noch mehr als bei der unmittelbaren Wahrnehmung spielt hier das große, oft behandelte, schwierige Problem der Phantasietätigkeit mit herein. Es wird häufig bei der Behandlung dieses Problems nicht genügend beachtet, wie wenig scharf sich beim Kinde oft Phantasieprodukt und Wirklichkeit gegenüberstehen, ja daß in frühen Stadien, die sich aber auf dem Wege über Entwicklungshemmungen unberechenbar ausdehnen können, für das Bewußtsein des Kindes gar keine Trennung vorhanden ist. *Spranger* hat erst neuerdings wieder darauf hingewiesen. Gerade dieses unscharfe Ineinanderspielen von Phantasie und Realität, die Unterbauung durch Suggestibilität und Autosuggestibilität, die wiederum von der typologischen Anlage, von besonderen Phasen der Entwicklung, von den mannigfaltigsten Situationswirkungen her dirigiert sein können, ist von außerordentlicher Bedeutung für die jugendlichen Zeugenaussagen, und besonders für Zeugenaussagen in Sexualprozessen, die praktisch jetzt im Mittelpunkt des Interesses stehen, schon deshalb im Mittelpunkt stehen *müssen*, weil sie zahlenmäßig die große Überzahl der kindlichen und jugendlichen Aussagen bilden. Nicht weniger bedeutsam ist das Eingreifen von unklaren Strebungen, Wünschen und Interessen, dann vor allem das Durchgreifen der Besonderheiten in der Entwicklung der jugendlichen Sexualität, alles eingebettet in die Unfertigkeit, Unausgeglichenheit der ganzen Seelenstruktur.

Mit den Zeugen*aussagen* überhaupt und im besonderen in Sexualprozessen sind wir allerdings schon bei der letzten Phase, bei der Wiedergabe des Wahrgenommenen, und damit auch im Bereich jener obenerwähnten Bestimmungen der deutschen Länder über die Vernehmung jugendlicher Zeugen angelangt. Mit ihrer Tendenz der Einschränkung der Zahl der Vernehmungen, der möglichsten Ausschaltung des Gendarmen, der Zuteilung der Vernehmungen an bestimmte Richter und Staatsanwälte versuchen sie Störungen abzufangen, die sich geltend machen können, nachdem der Inhalt der Aussagen, wie wir gesehen haben, schon einen beträchtlichen Weg durch psychische Verarbeitung, durch Umarbeitungen, Verschiebungen, Veränderungen hindurch zurückgelegt hat; aber an der Stelle, an der sie einsetzen, häufen sich tatsächlich die Gefahren der Aussageverfälschung noch einmal ganz erheblich.

Jene Bestimmungen zielen ab auf die enorme Abhängigkeit der Aussagen von dem Fragenden, seinem Ton, der Verhörsform, der Fragegestaltung und nicht zum wenigsten von den allerverschiedenartigsten seelischen Eindrücken und Einwirkungen, die aus der Situation des Verhöres ausstrahlen. Jene Bestimmungen sehen durchaus richtig eine besondere Gefahr in der *häufigen* Vernehmung. Sie haben deshalb die Tendenz, gerade die *erste* Vernehmung zu verbessern und den ungünstigen Einflüssen der Suggestion der Fragen, aber auch den Einflüssen der kindlichen Eitelkeit und Wichtigmacherei, der suggestiven Ausschmückung, des Sichhineinsteigernlassens durch andere, ebenso aber auch der Auswirkung von Einschüchterung, Drohung und Verängstigung zu entziehen. Aber das wird im allgemeinen dadurch erschwert, daß ja, zumal bei den hier besonders herauszuhebenden Sexualprozessen, doch in den allermeisten Fällen schon dieser ersten Vernehmung das Andeuten und Erzählen im Kreise der Schule, der Altersgenossen, das in der Regel doch sehr unpsychologische Ausfragen der Eltern oder vollends der an einer Anzeige interessierten anderen Menschen vorangegangen ist. Mag jene erste Vernehmung, deren Verbesserung erstrebt wird, noch so glänzend geleitet werden, allein die Tatsache, daß das einer besonderen Verantwortung zunächst entzogene Andeuten mit einemmal auch für das Bewußtsein eines sehr unreifen Kindes in eine verantwortliche Aussage übergeht, ja daß dieser Übergang doch sehr häufig ganz ohne sein Zutun und überraschend erfolgt, kann sehr komplizierte psychologische Konsequenzen haben. Gerade an dieser Stelle müssen häufig Angaben, die vorher unklar und verschwommen waren, die mehr dem spielerischen Sich-wichtig-machen dienten, die durch die Freude des Kindes — auf das Mädchen in den Pubertätsjahren soll besonders hingewiesen werden — am Phantasieren gewissermaßen widerstandslos den Verschiebungen und Verzerrungen des Geredes der Gasse folgten, auf die ursprüngliche Wahrnehmung zurückgeführt werden, und es gehört schon ganz außerordentlich viel psychologische Vernehmungsgeschicklichkeit dazu, um gegebenenfalls die Aussagen aus der Wirkung von Angst oder Beschämung, aber auch von Trotz, Aufgehetztsein, Selbstbewußtsein, Eitelkeit und Wichtigtuerei auf jene Basis zurückzuleiten. Und vielfach wird das schon deshalb nicht gelingen, weil auch bei dem guten Willen des Aussagenden, sich von jenen Auswirkungen freizumachen, für ihn selbst hinter allen den Wandlungen und Verschiebungen das ursprünglich Erlebte gar nicht mehr exakt zu fassen ist.

Besondere Nuancen können den kindlichen und jugendlichen Zeugenaussagen aus dem Fehlen einer völligen Übersicht über die Bedeutung und die Konsequenzen der Aussage erwachsen. Wiederum kann die Auswirkung nach zwei ganz verschiedenen Seiten sich erstrecken. Jene mangelnde Übersicht kann sich in ein ungenügendes Verantwortungsgefühl umsetzen und damit der Herausarbeitung des unmittelbar Erlebten aus den sekundären Verfälschungen sich entgegenstellen. Aber auch jene ganz andere Auswirkung ist möglich, daß gerade die fehlende Einsicht für die Folgen der Aussage psychische Hemmungen nicht aufkommen läßt, die sonst vielleicht unter dem Druck der Verantwortung, nicht selten auch unter der Angst vor Vorwürfen oder Rache, die Aussage unklar, verwaschen oder sonstwie weniger brauchbar machen würden.

In den bisherigen Ausführungen mußte sich ein Fehler sehr bemerkbar machen, der bei derartigen Referaten unvermeidlich ist: über einer Häufung und Zusammendrängung von Fehler- und Verfälschungsquellen der Wahrnehmung und Aussage mußte die andere Möglichkeit, die korrekte Aussage, zu kurz kommen. Es ist schon gesagt worden, daß viele Fehlerquellen der Aussagen unfertiger Menschen der Aussage schlechthin, also auch der Aussage der Erwachsenen, angehören. Und so wenig der Richter dieser Fehlermöglichkeiten wegen auf die Verwertung der Zeugenaussagen Erwachsener verzichten darf, so wenig wird er den unerwachsenen Zeugen deswegen grundsätzlich aus seinen Beweismitteln ausschalten. Was *anders* ist beim kindlichen und jugendlichen Zeugen im Vergleich mit dem Erwachsenen, das gehört *zu einem Teil* allerdings in den Bereich einer Wahrnehmungs- und Aussage*verschlechterung*, und gerade für die hier zusammenspielenden Faktoren müssen wir die besondere Aufmerksamkeit des Richters verlangen. Aber auch auf jene Möglichkeiten einer *besonderen Brauchbarkeit* der Aussagen von Kindern und Jugendlichen hinzuweisen, dürfen wir um so weniger unterlassen, als die eigentliche Aufgabe, die der Psychologe dem Richter gegenüber zu erfüllen hat, doch darin zu suchen ist, daß er dem Richter, der auf das Beweismittel der Zeugenaussagen nicht verzichten kann, *hilft, die äußerste Grenze des Zulässigen in der Verwertung der Aussage* zu finden. Die ja sehr naheliegende Umwandlung der Zweifel, Bedenken, Unsicherheiten in Forderungen eines allgemeinen Verzichtes auf die Verwertung jugendlicher Aussagen, im allgemeinen wie in Sexualprozessen, geht auf ein für die Rechtsprechung unannehmbares Ziel los; der Richter *kann* nicht die positiven Möglichkeiten auf diese Weise aus der Hand lassen, und der Psychologe wird sich auch nicht der Erwägung verschließen dürfen, daß hier genau wie an anderen Berührungsstellen psychologisch-psychiatrischen und juristischen Denkens letzte, äußerste Möglichkeiten eines Irrtums, einer Unsicherheit in der naturwissenschaftlichen Einstellung im Bereich des juristischen Denkens in die statuierte „Richtigkeit“ und „Wahrheit“ mit einbezogen werden *müssen*.

Es hat an manchen Stellen der Darlegungen vielleicht so ausgesehen, als ob sie schon den Bereich des unauffälligen seelischen Durchschnittes verlassen hätten, als ob da und dort schon die Grenze zum Abnormen oder Pathologischen flüchtig berührt wäre. Wenn noch ein Wort über das Problem dieses Abnormen gesagt werden soll, so ist gerade in dem angedeuteten *fließenden* Übergehen des für den Durchschnitt Giltigen ins Gebiet des Abnormen und Pathologischen ein kennzeichnendes Merkmal getroffen. Echte, eigentliche Geisteskrankheiten, also psychische Störungen, die sich scharf gegen die Gesundheit absetzen, die zu irgendeiner Zeit neu entstehen, spielen in der Pathopsychologie der Kinderaussagen praktisch keine große Rolle. Beginnende juvenile Paralysen, eher noch vielleicht Initialstadien früh einsetzender Schizophrenien, die ja auch für die Probleme der jugendlichen Verwahrlosung bedeutsam sind, gewisse epileptische Zustände können genannt werden, es mag aber bei der Nennung sein Bewenden haben. Viel wichtiger sind, wie gesagt, die mit fließenden Übergängen aus der Breite des Durchschnittlichen hervorgehenden *anlage*mäßig vorhandenen psychopathischen Variationen, deren Besonderheiten sich auf die intellektuelle und affektive Seite und ihre Kombinationen, aber auch in die Sphäre des Charakters erstrecken können, und die — um etwas Einzelnes herauszuheben — eine ganz besondere Bedeutung für die pathopsychologischen Aussageprobleme bei jugendlichen Menschen bekommen, wenn seelische Strukturen aus den Typen des hysterischen Charakters hereinspielen, also jener Wesensformen, bei denen der Labilität des Persönlichkeitsbewußtseins, einer zu allen Um- und Einstellungen bereiten Phantasie, egoistisch-egozentrischen Trieben, Geltungsbestrebungen, überdurchschnittlicher Suggestibilität und Autosuggestibilität und allen dem, was kurz gesagt mit der übermäßigen Abhängigkeit des ganzen Seins und Wollens von außen zusammenhängt, eine besondere Bedeutung zukommt. Das sind auch jene Strukturen, bei denen so oft — bildlich gemeint — die höchsten Schichten der Persönlichkeit, der Charakter im eigentlichen Sinne des ethischen Charakters, nicht intakt sind. Während wir bisher uns im Bereich der wahrhaftig gemeinten, wenn auch objektiv unrichtigen Aussage gehalten haben, haben wir es hier oft genug neben den unbewußten Unwahrheiten mit gewollten Lügen aus recht verwickelten Motivkonstellationen heraus und mit dem schillernden

Spiel zwischen Gewollt und Ungewollt zu tun. Man ist fast versucht, das Selbstverständliche ausdrücklich zu sagen, daß natürlich auch das Durchschnittskind bei seinen Zeugenaussagen aus allen möglichen Motiven bewußt und gewollt lügen kann, wenn man sieht, wie bei den übertreibenden Verneinungen jeglichen Wertes jugendlicher Zeugenaussagen gelegentlich alles auf die psychophysiologischen Gesetze der Altersstufe des Kindes, aus denen es nicht herauskomme, geschoben wird. Bei dieser Streifung des Gebietes des Abnormen mag es sein Bewenden haben.

In den einleitenden Bemerkungen sind die kritischen Erörterungen, die sich nun anzuschließen haben, unter der Bezeichnung einer forensisch-psychologischen Betrachtungsweise eingeführt worden, und in diesem klippenreichen Grenzgebiet zwischen Rechtswissenschaft und Naturwissenschaft haben wir uns zunächst wieder mit jenen schon einmal angezogenen Verordnungen verschiedener deutscher Länder über die Vernehmung jugendlicher Personen in Sexualprozessen zu beschäftigen. Entsprechend den Forderungen, wie sie u. a. von *W. Stern* und ähnlich auch z. B. von dem psychologischen Institut des Leipziger Lehrervereins aufgestellt wurden, befassen sich jene Verordnungen mit der Beiziehung eines Sachverständigen zu der Vernehmung, ja geradezu mit der Übertragung der Vernehmung an Sachverständige (Sachsen), wobei offenbar vorwiegend psychologisch ausgebildete Pädagogen ins Auge gefaßt sind. Es scheint aber, daß hier in erster Linie das Problem zu entscheiden ist — und zwar *nicht* vom Psychologen —, wie weit sich solche Ansprüche mit den Fundamenten der Strafrechtspflege vertragen, ob es möglich ist, etwaiger begrenzter Vorteile wegen von diesen Grundlagen etwas aufzugeben, und ob sich nicht Konsequenzen herausstellen, die vom Nichtjuristen gar nicht übersehen werden können. Weiterhin ist es schon immer etwas wenig Erfreuliches und auch Bedenkliches gewesen, bei der Erörterung solcher Dinge „den" Sachverständigen schlechtweg „dem" Richter gegenüberzustellen. Natürlich gibt es irgendwelche Sachverständige, als Einzelpersönlichkeit gesehen, die irgendwelchem Richter in der Leitung der Vernehmung eines Jugendlichen über sind, aber eine Formulierung, daß das für „den" Sachverständigen im allgemeinen, mag er nun Arzt oder Pädagoge sein, gelte, ist unrichtig und gefährlich. Wir haben in der Strafrechtspflege mit der gerade auch vom Richter nicht selten vertretenen Meinung, daß etwa jeder Mediziner Gutachten über alle die schwierigen psychiatrischen Probleme des Strafrechts und Zivilrechts abgeben könne, ja auch mit der Meinung, daß grundsätzlich jeder Psychiater dazu berufen sei, doch genügend schlechte Erfahrungen gemacht, um nicht auch hier bei solchen Formulierungen, die eine neue Kategorie von Sachverständigen betreffen, besondere Vorsicht empfehlen zu müssen.

Die sehr ausführlichen sächsischen Verordnungen mit ihren Ausführungsbestimmungen haben nun die Konsequenz, daß die besonders herausgehobenen psychologisch ausgebildeten *pädagogischen* Sachverständigen nicht bloß bei den Vernehmungen eine große Rolle spielen, sondern daß sie auch in der Hauptverhandlung auftreten, sofern da noch eine Vernehmung der jugendlichen Zeugen erfolgt. Es darf dabei allerdings nicht übersehen werden, daß auch in Sachsen möglichst auf die Vernehmung in der Hauptverhandlung verzichtet werden soll. Immerhin ist wohl die Folge jener sächsischen Bestimmungen, daß offenbar gerade auch die gutachtliche Darstellung der *allgemeinen Ergebnisse* jener kindlich-jugendlichen Aussageforschung vor dem Richter sehr in den Vordergrund tritt. Dieser gutachtlichen Darstellung der *allgemeinen* Ergebnisse sollen sich einige grundsätzliche Betrachtungen zuwenden. Wenn diese schließlich ablehnend ausfallen, so soll damit die psychologisch-pädagogische Mitwirkung bei der Klarstellung *der seelischen Struktur des einzelnen Kindes*, das ein bedeutsames Zeugnis abgeben soll, nicht getroffen werden. Darauf bezieht sich auch die Technik des sog. Schulgutachtens, wie sie von dem psychologischen Institut des Leipziger Lehrervereins ausgearbeitet ist. Ich erwähne dieses Leipziger Schulgutachten besonders, weil die sächsischen Bestimmungen gerade auch darauf Bezug nehmen. Es soll da von dem Lehrer, der das Kind im Laufe einer mehr oder weniger langen Schulbeobachtung kennengelernt hat, Auskunft gegeben werden über die Schulleistungen im allgemeinen, die Einzelleistungen, die sprachliche Gewandtheit, über Merkfähigkeit und Gedächtnis, Beobachtungsfähigkeit, Phantasietätigkeit, Interesserichtung, moralische Haltung im allgemeinen, allgemeine Glaubwürdigkeit und anderes mehr. Natürlich sind auch die Milieueinflüsse bei der Aufstellung des Schemas zum Gutachten berücksichtigt. Man kann darüber streiten, ob gerade die Form dieses vorgedruckten Schemas die zweckmäßigste ist, man kann sich über die auch sonst für uns oft zutage tretenden Schwierigkeiten bei der Wahl zwischen ganz freier Darstellung und der Fragebogenmanier mit der gesteigerten suggestiven Wirkung des detaillierten Fragebogens klar sein, darüber ist aber kein Wort zu verlieren, daß ein solches Zeugnis und entsprechende Ausführungen des Lehrers in der mündlichen Verhandlung für den Richter bei den immer sehr schwierigen und immer sehr verantwortlichen Entscheidungen über die Verwendbarkeit ausschlaggebender jugendlicher Aussagen sehr wertvoll sein können, sofern die Qualitäten des Lehrers und seiner Ausbildung für diese besonderen Aufgaben ausgereicht haben.

Mit dieser Tätigkeit, die unter dem Kennwort des Schulgutachtens zusammengefaßt sein mag, scheint mir die Grenze einer Zustimmung zu der psychologisch-pädagogischen Sachverständigentätigkeit bei Sexualprozessen, in welche Kinderaussagen hereinspielen, erreicht zu sein. Der

Sinn der sächsischen Bestimmungen geht offenbar dahin, daß weiterhin psychologisch-pädagogische Gutachter ihr Urteil über die Glaubhaftigkeit der *speziellen* in Frage stehenden *Aussagen* abgeben, und namentlich daß, wie gesagt, jeweils angesichts des Einzelfalls dem Richter die *allgemeinen* Erfahrungen aus der Aussagepsychologie von Kindern und Jugendlichen im Rahmen des Sachverständigengutachtens dargelegt werden sollen. Um die Bedenken, die sich gegen eine solche zweifache Erweiterung aufdrängen, verständlich zu machen, sei ein Umweg über die Aussagepsychologie schlechthin und ein vorübergehendes Abbiegen von der speziellen Kinderpsychologie gestattet. Ausgangspunkt der Erwägungen sei das Schlagwort: Quaevis hysterica mendax — jede Hysterische lügt. Ich erwähne dieses Schlagwort, weil es mit seiner Auflösung in die aus wissenschaftlicher Besinnung sich einstellenden Probleme einfacher, als das in der Kinderpsychologie möglich wäre, die prinzipiellen Grundlagen für die Beurteilung jener erweiterten Gutachtertätigkeit finden läßt.

Angenommen, wir erfassen bei einer Zeugin die Wesens- und Charakterstruktur der hysterischen Persönlichkeit, leiten daraus ganz allgemein die Feststellung ab, daß die Gefahr von Lügen aus den allerverschiedenartigsten Motiven *näher*gerückt ist, als bei durchschnittlichen, unauffällig gearteten Menschen, erörtern, bei welchen inneren und äußeren Situationskonstellationen wir vor allem mit solchen Lügen zu rechnen haben, verschweigen dabei aber auch nicht, daß wir bei solchen Menschen unter Umständen auch einem über das eigene Schicksal hinweggehenden Wahrheitsfanatismus begegnen *können*, wenn darüber der Weg zu einem erstrebten Ziel führt, so ist damit grundsätzlich die Sachverständigentätigkeit *zu Ende*. Es ist *nicht* das Amt des Sachverständigen, über Glaubwürdigkeit und Unglaubwürdigkeit der *Einzel*aussage zu entscheiden. Es ist der *Richter selbst*, der, ausgehend von generellen Erwägungen und der speziellen Typusschilderung des Individuums, in freier Würdigung und Erwägung aller Umstände über die *Einzel*aussage zu richten hat. Der Sachverständige wird dem Versuch, seine Mitwirkung auch auf die Einzelaussage auszudehnen, mit dem Hinweis darauf begegnen, daß *psychologische Beweisführung nichts mit objektiver Richtigkeit zu tun hat.* Es kann die Konstruktion von Zusammenhängen psychologisch noch so plausibel, noch so einleuchtend sein, ihr Ergebnis *muß* deshalb durchaus nicht der Wirklichkeit entsprechen.

Damit ist im Prinzip aber das gefunden, was positiv und negativ zu jener *erweiterten* Sachverständigentätigkeit gesagt werden muß.

Daß die Aussagen, welche Kinder und Jugendliche als unreife, unfertige Menschen im Rahmen von Gerichtsverfahren machen, also insbesondere Zeugenaussagen, einer besonders vorsichtigen Behandlung und kritischen Beurteilung bedürfen, das ist nach den Ausführungen des ersten Teils nicht weiter zu diskutieren und ist selbstverständlich. Aber wir brauchen nun bloß jene Parallele von der Ausdeutung des Quaevis hysterica mendax heranzuziehen, und wir wissen, daß über die *Einzel*aussagen der Sachverständige, der psychiatrische wie der psychologisch-pädagogische, nichts Bindendes sagen *kann*, daß hier etwas fundamental Anderes, der Richterspruch, einzusetzen hat.

Weiter kann eine gutachtliche Darlegung über die Kinderaussagepsychologie *im allgemeinen* für den Richter nur eine *relative* Bedeutung haben. Jene vom Sachverständigen angezogenen Ergebnisse der Kinderaussagepsychologie sind ja an *Massen* von Individuen gewonnen, sie meinen den *Durchschnitt aus Reihen* mit zum Teil außerordentlich weiten Streuungen. Sie beziehen sich auf „*das*“ aus der Masse abstrahierte Kind, „*den*“ *Jugendlichen schlechthin*, während es der Richter immer mit dem *Einzelindividuum* zu tun hat, das ja seinerseits in jenen Reihen an den allerverschiedensten Stellen stehen kann. In den Massen jener Versuche, die etwa eine besondere Suggestibilität der Kinder dartun, stehen in der Streuungsbreite auf der Minusseite u. U. Kinder mit besonderer *Resistenz* gegen Suggestionen, und doch kommt in der *Masse* jenes Ergebnis der *gesteigerten* Suggestibilität heraus.

Es ergeben sich auch Bedenken, wenn eingewendet wird, daß ja doch die Möglichkeit bestehe, die in Betracht kommende seelische Qualität im Verfahren selbst analysierend und experimentierend zu erfassen und damit ein Urteil darüber zu gewinnen, wie weit jene *generellen* Ergebnisse auf das *spezielle* Kind zutreffen. Dagegen ist zu sagen: Handelt es sich etwa um eine bei der Wahrnehmung und bei der Wahrnehmungseinordnung wesentliche Qualität, so machen, wenn man nicht an der Oberfläche bleiben will, die inzwischen verflossene Zeit, das Wissen um das Verfahren und das Zeugesein, die unendlich komplizierten Situationsbedingungen, Wechselwirkungen zwischen innen und außen und zwischen den beteiligten Individualitäten usw., der psychologischen Analyse und dem Experiment, die Wiederherstellung der seinerzeit maßgebend gewesenen Gesamtsituation ganz unmöglich. Es braucht dabei nur an jene eigentümliche, aussagepsychologisch so bedeutsame Auswirkung der Ungewohntheit erinnert zu werden. *Diese* Situationsbesonderheit läßt sich in einer einigermaßen entsprechenden Art nicht wiederholen. Es wäre überhaupt widersinnig, wenn man auf der einen Seite die unfertige Seele als etwas behandelte, das ganz besonders behutsam und kritisch angefaßt werden muß, und auf der anderen Seite sie in schematisierender und vermechanisierender Übertreibung jener Möglichkeiten nachträglichen Analysierens und Experimentierens in das Experiment spannen wollte, wie der Arbeiter das Werkstück in die Maßlehre. Das wichtigste wird immer bleiben, daß *der Richter* sich aus dem Gesamteindruck aus Vorgeschichte, Erhebungen, Vernehmungen und Verhandlung das Bild des jungen Menschen formt. Von dieser Basis aus wird *er* entscheiden, was nun im einzelnen von jenen *allgemeinen* Ergebnissen für den *speziellen* Fall bedeutsam ist.

Ich glaube aber nun nicht, daß diese letzteren Erwägungen zweckmäßig über jenes in der Verhandlung selbst vom pädagogischen Sachverständigen vorgetragene, die allgemeinen Ergebnisse der psychologischen Kinderaussageforschung erläuternde Gutachten gehen. Dieser Auffassung liegt natürlich nichts ferner, als etwa die Bedeutung jener Ergebnisse *an sich* anzuzweifeln. Es kommt hier in erster Linie nur darauf an, ihnen ihren Ort anzuweisen. In diesem Sinne gehören sie *in erster Linie* in die *Berufsausbildung des Richters* hinein, und hier muß ihnen sogar ein sehr wichtiger Platz eingeräumt werden. In der *allgemeinen Erfahrung* und der Berufsausbildung des Richters müssen sie sich mit den durch die einzelne Richterindividualität gesetzten Grenzen und Modifikationen zu einem Teile jener Totalität entwickeln und auswirken, die man als die Kunst der Berufsausübung bezeichnen kann. Werden sie nur als angelerntes Wissen registriert, so sind sie trotz ihres psychologischen Namens seelenlos. Seele bekommen sie erst, wenn sie sich harmonisch in jenes lebendige Ganze eingegliedert haben, das die Individualität des vernehmenden und urteilenden Richters darstellt. Diese Eingliederung ist keine zwangsläufige Folge der Berufswahl, auch nicht allein der besonderen Ausbildung, sie ist durchaus auch eine Konsequenz der angeborenen intuitiven Befähigung. Wir dürfen bei allen diesen Problemen nicht vergessen, daß bei ihnen wichtiger als die Berufswahl der *Mensch* ist.

Die so besonders betonte Eingliederung der Erfahrung über die Kinderaussagepsychologie in die ganze Individualität des Richters macht es wohl verständlich, warum die psychologisch-pädagogische Gutachtertätigkeit *angesichts des Einzelfalles nicht* als Ersatz für jene Ausbildung angesehen werden kann, auch dann nicht, wenn einmal als richtig unterstellt sein mag, daß wir überhaupt überall entsprechend durchgebildete Pädagogen zur Verfügung hätten.

Jene Notwendigkeit der *organischen harmonischen Verarbeitung* kann schon belegen, daß nach der hier vertretenen Auffassung auch nicht die abschwächende Formulierung anerkannt werden kann, jene Gutachtertätigkeit bei den durchschnittlichen Fällen sei lediglich überflüssig, schade aber weiter nichts. Zunächst einmal ist jede Art von Gutachtenerstattung in Gegenwart des zu Begutachtenden mißlich; das Jugendgerichtsgesetz hat für seinen Bereich dem ja auch Rechnung getragen. Es wird nie ein Nutzen, oft aber ein Schaden für die jugendlichen Zeugen dabei herauskommen, wenn in ihrer Gegenwart jene Feststellungen der Aussagepsychologie vorgetragen werden, zumal dann, wenn nun auch über ihre Köpfe weg Auffassungsdifferenzen dabei ausgetragen werden.

Unverstandenes und Halbverstandenes wird aufgeschnappt, falsch verarbeitet, weitergetragen, wenn es nicht gar in einer empfindsamen und so behutsam zu behandelnden Pubertätspsyche zum Gegenstand quälender Konflikte wird.

Dann dürfen wir durchaus nicht übersehen, daß wir jene psychologischen Forschungsergebnisse gar nicht selten schon als Abwehrwaffe in der Hand der Angeklagten finden, und auch diese unerfreuliche Nutzanwendung wissenschaftlicher Erkenntnisse kann durch jene Form der Begutachtungstätigkeit nur gefördert werden. Es sind mir aus eigener Erfahrung — und andere wissen das ebenso — Fälle bekannt, bei denen gebildete Sexualattentäter mit dem ganzen wissenschaftlichen Rüstzeug psychologischer Unglaubwürdigkeitsdarstellung gegen belastende jugendliche Zeugenaussagen losgefahren sind, und nach einem späteren Geständnis war doch wahr, was die Kinder gesagt hatten.

Und noch eins kommt dazu. Wenn wir schon einmal alle diese Probleme unter dem psychologischen Gesichtswinkel sehen, so ist doch zweifellos die Art, wie jene Ergebnisse in dem Urteil des Richters sich auswirken, anders, wenn er sie gewissermaßen *in sich* weiß und sie so mit in die das Urteil unterbauenden Erwägungen einströmen läßt, als wenn sie vorgetragen werden angesichts des Einzelfalles und in jener besonderen psychologischen Atmosphäre, die durch die komplizierten, unter der Oberfläche spielenden Wechselwirkungen zwischen Berufsrichter, Laienrichter, Staatsanwalt, Verteidiger, Sachverständigen, Angeklagten, Zeugen und unter Umständen auch Publikum geschaffen wird. Es wird nicht von der Hand zu weisen sein, daß schon der Berufsrichter unter Umständen sich durch solche Gutachten leichter zur Entscheidung im Sinne der Glaubwürdigkeits*bezweiflung* bestimmen läßt, als es an sich richtig wäre. Und auch im Blick auf den Laienrichter wird wohl dem zugestimmt werden, daß es etwas ganz anderes ist, ob er unter dem Eindruck eines solchen Gutachtens zur Beratung geht, oder ob ihm der mit der Materie völlig vertraute Richter bei der Beratung die Probleme mit dem zugehörigen Zwar-Aber auseinandersetzt.

Es braucht dabei ja nur auf den schon einmal gestreiften Eindruck des ersten Teiles dieses Referates verwiesen zu werden. Bei allem Bemühen, objektiv zu sein, war wohl vor allem das Nein herauszuhören, und *so* werden im großen ganzen derartige allgemeine Gutachten immer wirken. Es kann rein technisch, rein mit Rücksicht auf die zur Verfügung stehende Zeit, die *Bedingtheit* der Geltung jener Ergebnisse nicht zu ihrem Rechte kommen. Man *kann* einfach nicht jedem Satze anfügen: aber ob das hier gilt, weiß ich nicht — und man kann auch nicht immer wieder versichern, daß deswegen doch ungezählte Aussagen von Kindern wahr sind, ja, wie wir nun wissen, unter Umständen *korrekter* sein können, als diejenigen von Durchschnittserwachsenen.

Selbstverständlich soll bei allen Fällen, in denen Aussagen jugendlicher Menschen von Belang sind, in allererster Linie bei den oft genannten Sexualprozessen, ein möglichst vollständiges Material über die Wesensart des jugendlichen Zeugen beigebracht werden. Es erscheint auch durchaus wünschenswert, daß sich der Richter bei der Verwertung dieses Materials sachverständiger Hilfe bedient, wenn auch nach meiner Auffassung hier in erster Linie der psychologisch durchgebildete Psychiater oder der über psychologische und psychiatrische Erfahrung verfügende Gerichtsarzt in Betracht kommt, denn der Sachverständige, der neben psychologischen auch genügende psychiatrische Kenntnisse besitzt, wird der besonders geeignete „Richtergehilfe" sein. In der Praxis spielt sehr oft bei solchen Begutachtungen die typologische Zuordnung zu irgendeiner Variation aus dem Gebiete der psychopathischen Persönlichkeiten eine Rolle, und damit müssen dann auch die besonderen Modifikationen, welche die allgemeinen Ergebnisse psychologischer Aussageforschung im Blick auf die Wesensbesonderheiten des speziellen Typus zu erfahren haben, sinngemäß herangezogen und verarbeitet werden. Das aber ist in erster Linie Aufgabe des Psychiaters.

Die Anregung einer möglichsten Vertiefung des richterlichen Könnens und Wissens auf dem Gebiete der Aussagepsychologie, zumal der kindlich-jugendlichen Aussagepsychologie, war die selbstverständliche Konsequenz, aus Darlegungen, die auf eine Zurückdrängung und Einschränkung der Sachverständigentätigkeit hinausliefen. Es sollte aber damit durchaus nicht jenen immer wieder gehörten Bemerkungen von völliger Unkenntnis unserer Richter auf diesem Gebiet zugestimmt werden. Verallgemeinerungen von Einzelerfahrungen sind hier nicht mehr am Platze. Daß es sehr oft dem *Willen* der Staatsanwaltschaften und der Gerichte entspricht, bei der Bewertung der Aussagen von Kindern und Jugendlichen die nötigen Vorsichtsmaßregeln anzuwenden, ist sicher; ob immer schon das *Können* in Gestalt harmonisch verarbeiteten Wissens um die Ergebnisse der Aussageforschung genügt, um diesem Willen Genüge zu tun, ist eine andere Frage.

Aussprache.

Staatsanwalt Dr. *Messerer*-München:

Während *Stern* u. a. die Kinder als schlechte Zeugen bezeichnen, denen immer noch zuviel geglaubt wird, hat *Gross* über manche Gruppen von Kindern eine sehr günstige Meinung; der Unterschied zwischen den Aussagen von Erwachsenen und von Kindern sei nur der, daß wir die Aussagen der letzteren leichter nachprüfen können und daher leichter auf Unrichtigkeiten kommen als bei Erwachsenen. Man muß jedenfalls individualisieren, das einzelne Kind in seiner Eigenartigkeit und seinem Milieu betrachten. Gute Anhaltspunkte hierfür geben die Fragebogen, die bei jedem Verfahren, das wegen Sittlichkeitsverbrechen an einem

Kind eingeleitet wird, vom Staatsanwalt an den Schulvorstand und Lehrer des Kindes hinausgehen.

Die Vernehmungen dürfen nicht durch den Lehrer, womöglich auch nicht durch Polizeiorgane, die hierzu nicht den nötigen Takt und die innere Bildung besitzen, vorgenommen werden, sondern müssen — wie in Bayern — dem Jugendrichter und Jugendstaatsanwalt übertragen werden. Letztere sind kriminalistisch und psychologisch viel besser vorzubilden als bisher. Der angehende Kriminalist muß Vorlesungen und Seminare über Kriminalistik, Psychologie, gerichtliche Medizin besuchen, und die Regierungen müssen derartige Kurse (in denen z. B. auch Experimente über die Aussagepsychologie gemacht werden) zur Fortbildung der Richter und Staatsanwälte einrichten.

Die Stellung des Jugendrichters und des Jugendstaatsanwaltes muß zur Lebensstellung, zum Beruf werden, sie dürfen nicht nach kurzer Zeit wieder anderweit verwendet werden. Auch der Wechsel zwischen zivilistischer und kriminalistischer Tätigkeit, wie er bei den Amtsrichtern und Landgerichtsräten in manchen Ländern, z. B. Bayern, üblich ist, ist nicht zum Vorteil der Sache. Beide Tätigkeiten sind grundverschieden und setzen eine ganz verschiedene Begabung voraus.

Die wiederholten Vernehmungen der Kinder als Zeugen in Sexualprozessen haben auf deren Psyche den schlimmsten Einfluß; diese Schädigung ist oft größer als die durch das Sittlichkeitsverbrechen selbst. Besonders die lange nach der Tat stattfindende Vernehmung in der Hauptverhandlung müßte möglichst vermieden werden. Neben dem Interesse der Wahrheitsermittlung und der Bestrafung des Täters steht das nicht geringere des jugendlichen Zeugen an seiner sittlichen Bewahrung. Ich halte daher eine fakultative (nicht obligatorische!) Ausnahme vom Grundsatz der Unmittelbarkeit (§ 250 StPO.) für wünschenswert. Wenn der das Kind im Vorverfahren vernehmende Jugendrichter oder Jugendstaatsanwalt einen schweren sittlichen Schaden von einer Vernehmung des Kindes in der Hauptverhandlung befürchtet, soll auf seinen Antrag von dieser Vernehmung abgesehen und das Protokoll über die frühere Vernehmung verlesen werden können.

San.-R. Dr. *Clemens Neisser*-Bunzlau (Prov.-Heil- und Pflege-Anstalt):

Die Beziehung des Richters zum Sachverständigen erscheint mir durch das Referat des Herrn *Schimmack* einwandfrei gekennzeichnet, wie ich überhaupt diesem in allen Punkten, in denen ich mich zuständig fühle, zustimme. Niemals kann und soll der Sachverständige den Richter als entscheidende Instanz ersetzen. Aber nicht nur, um den Sachverständigen zur richtigen Zeit zu rufen, sondern auch und hauptsächlich, um seine Auffassung richtig würdigen zu können, bedarf der Richter auch einer gewissen psychiatrischen Schulung. In dieser Hinsicht muß der gestern von Herrn *Allmenröder* getanen Äußerung, daß solche Kurse nur Halbwissen erzeugen und abzulehnen seien, auf das bestimmteste entgegengetreten werden. Diese Einstellung bei einer praktisch so bewährten und anerkannten Persönlichkeit ist nur dadurch verständlich, daß Herr *Allmenröder* ein Großstadtrichter ist, dem die einschlägigen Gesichtspunkte durch die häufige Berührung mit den Fachleuten vertraut sind und der sich nicht mehr bewußt ist, wieviel er diesen Einflüssen verdankt. Die überwiegende Zahl der Richter hat aber ihr Tätigkeitsfeld in kleinen oder mittleren Städten und nur sehr bescheidene Fühlung mit der Wissenschaft, der Fachliteratur, den Reformbestrebungen, der Psychologie und namentlich der Psychiatrie. Und ohne solche in spezieller Ausbildung erworbenen lebendigen Anschauungen, bloß aus dem guten Willen und dem sog. gesunden Menschenverstande heraus, wird die richtige Einstellung zum Einzelfalle nur ausnahmsweise gefunden werden.

Professor Dr. *Homburger*-Heidelberg:

Die Übereinstimmung zwischen dem juristischen und psychiatrischen Referenten ist außerordentlich bedeutsam, denn sie beruht auf einer strengen, sachlichen Kritik und nicht auf künstlicher Zuspitzung von Standpunkten. Der psychiatrische Sachverständige wird seinerseits dem Ansehen seines Gutachtens am besten dienen, wenn er sich der Grenzen seiner Zuständigkeit bewußt bleibt und sie mit Strenge auch einhält. Den Bestrebungen, in der gerichtlichen Begutachtung den Psychiater durch den Psychologen zu ersetzen, muß mit aller Schärfe entgegengetreten werden. Der Psychologe liefert dem Psychiater die Methoden und Gesichtspunkte, die er sich aneignen und die er anwenden muß wie der Arzt die chemischen und physikalischen Methoden am Krankenbett. Psychologische Methodenkenntnis kann aber niemals die psychiatrische Erfassung der Gesamtpersönlichkeit ersetzen.

Professor Dr. *Graf zu Dohna*-Heidelberg:

Der Gesetzgeber sollte der Vernehmung jugendlicher Personen möglichst geringe Hindernisse in den Weg legen. (Keine untere Altersgrenze!). Statt dessen ist zu fordern, daß der vernehmende Beamte psychologisch genügend vorgebildet ist, um die Aussage richtig zu werten. Diese Vorbildung nicht nur bei Richtern, sondern auch bei der Polizei zu erzielen, ist eine Aufgabe, die unbedingt gelöst werden muß.

Amtsgerichtsrat Dr. *Blumenthal*-Bottrop i. W.:

Solange die nötige Anzahl von kriminalistisch und psychologisch geschulten Richtern nicht vorhanden ist, ist die Bearbeitung aller gegen Kinder verübten Delikte (Sittlichkeitsverbrechen, Mißhandlungen usw.) im Vor- und Hauptverfahren dem Jugendrichter zuzuweisen. Bei der Identität des Richters im Vor- und Hauptverfahren fallen manche Gefahren bei der Vernehmung des Kindes in der Hauptverhandlung fort. Die Zuziehung von Kontrollpersonen bei der gerichtlichen Vernehmung jugendlicher Zeugen ist abzulehnen, da durch deren Gegenwart die Aufmerksamkeit des Kindes abgelenkt und hierdurch die Zuverlässigkeit der Aussage erheblich beeinträchtigt wird.

Amtsrichter und Jugendrichter *Krall*-Karlsruhe:

Erreichbar und zu fordern ist, daß ein Kind, an dem ein Sittlichkeitsverbrechen oder Vergehen verübt ist, nur durch einen Richter, dem es alsbald zuzuführen ist, vernommen werden soll.

Dies soll womöglich ein Vormundschaftsrichter als Jugendrichter sein, um zu verhüten, daß ein Kind bei einem etwa erforderlichen Fürsorgeverfahren nicht durch eine zweite Hand oder durch mehrere Hände geht.

Das natürliche Recht der Zeugenverweigerung sollte da versagt werden, wo es sich um ein Verbrechen am eigenen Kinde handelt.

Professor Dr. *Aschaffenburg*-Köln:

hält den Ausführungen in der Erörterung seine praktischen Erfahrungen entgegen. Diese lehren, daß im allgemeinen die Gerichte von den Feststellungen der „Aussagepsychologie“ noch wenig gelernt haben. Es fehlt eben in der Ausbildung des Richters jede Berührung mit der Psychologie. In Übereinstimmung mit dem Psychologen *Höffding* auf der Kopenhagener Tagung der Internationalen Kriminalistischen Vereinigung ist der Wert nicht auf die entbehrliche Kenntnis der theoretischen Psychologie zu legen, sondern auf die Menschenkenntnis.

Amtsgerichtsrat *Clostermann*-Bonn:

1. Es ist *grundsätzlich* zu verlangen, daß der Jugendrichter keine Erziehungsmaßregel anordnet, ohne den Jugendlichen *persönlich* vernommen zu haben;

er kann auf keinen Fall allein auf die Berichte der J.G.H. seine Erziehungsmaßregeln festsetzen. Diese Forderung muß erhoben werden, weil der Richter ohne persönliche Vernehmung kein klares Bild über den Fall erhalten und die Verantwortung für seine Entscheidung nicht tragen kann.

2. Der *Psychiater* ist als Gehilfe des Richters, dem allein die Entscheidung obliegt, unentbehrlich.

Frau *Buß*-Frankfurt a. M., Polizeipräsidium:

In Frankfurt a. M. werden seit 5 Jahren die Kinder und Jugendlichen von der Polizeifürsorgerin vernommen. Im Monat August waren es 47 Fälle. Die schwer Gefährdeten werden mit Hilfe des Jugendamtes sofort untergebracht. Die Fürsorgerin ist bei der Verhandlung zugegen; es wird dadurch vermieden, daß das Kind beeinflußt wird, und das Kind ist harmloser und freier in seinen Angaben. Das Kind wird am besten allein und nicht in Gegenwart der Eltern vernommen. Dem Jugendamt sind bis jetzt alle Fälle, in denen die Kinder gefährdet erschienen, gemeldet worden. Neuerdings sollen alle Fälle gemeldet werden.

Dr. *Nathan*:

Ich halte es unbedingt für wünschenswert, die erste Vernehmung von Kindern und Jugendlichen, insbesondere bei Sittlichkeitsverbrechen, durch Polizeifürsorgerinnen vornehmen zu lassen. Ich gehe dabei einerseits von der Wirkung aus, die die Protokolle der ersten Vernehmung auf den erkennenden Richter haben. Diese psychologische Wirkung auf den Richter ist nicht nur bei Geständnissen Beschuldigter sehr stark, sondern auch bei Zeugenaussagen. Eine unmittelbare Wirkung der Aussage in der Hauptverhandlung gibt es nicht, da das Aktenstudium schon einen gewissen Eindruck von dem Zeugen und seiner Aussage gegeben hat, der evtl. in der Hauptverhandlung durch die mündliche Aussage verdrängt werden muß. Es kommt daher viel auf eine möglichst gute erste Vernehmung an.

Dazu kommt, daß auch bei Gericht und bei den Staatsanwaltschaften meist keine Persönlichkeiten sind, die Kinder vernehmen können, die sich auch nur die erforderliche Mühe dazu geben. Ich sehe dabei von den guten Gerichtsverhältnissen in der Großstadt ab. Bei kleineren Gerichten (etwa 8—12 Richter) stammen die Strafrichter immer noch aus der Zeit, als die Strafabteilung den Richter bekam, dem der zivilistische Scharfsinn fehlte.

Vernehmungen von Kindern, besonders in Sittlichkeitssachen, sind nie ganz angenehm. Sie werden daher mit Vorliebe auf Referendare als Richter kr. A. abgeschoben. Ja, es kommt sogar vor, daß man die jüngsten Referendare, die eben von der Universität kommen, mit den Vernehmungen betraut und nachher nur seinen Namen unter das Protokoll setzt.

Also gerade auch wegen der Unzulänglichkeit der gerichtlichen Vernehmungen empfehle ich die erste Vernehmung von Kindern und Jugendlichen durch die Polizeifürsorgerin, die zudem in kleineren Städten häufig die einzige ist, die kriminalpsychologische Kenntnisse und Erfahrungen hat.

R.-A. Dr. *Marie Munk*-Berlin:

Es kommt viel weniger darauf an, ob Polizei oder Jugendrichter die Zeugenvernehmung vornehmen; im allgemeinen wird die Vernehmung am besten vom Jugendrichter vorzunehmen sein, der tunlichst auch in der Hauptverhandlung entscheiden sollte. Größter Wert ist aber darauf zu legen, daß, besonders so weit die Vernehmung nicht vom erkennenden Richter erfolgt, das Protokoll genau die Art der Aussage des Zeugen widerspiegelt. Es ist daher darauf hinzuwirken, daß besonders bei der Zeugenvernehmung Jugendlicher die Fragen des Vernehmenden und die Antworten des Zeugen wörtlich stenographiert und dann übertragen werden.

Der Vorsitzende bringt die folgende Entschließung zur Verlesung, die einstimmig angenommen wird:

Entschließung II.

Die sachgemäße Ausgestaltung der Vernehmung jugendlicher Zeugen bedarf sowohl im Interesse der Wahrheitsermittlung wie zur Abwendung seelischer Beeinträchtigung der Zeugen fortgesetzter Aufmerksamkeit der beteiligten Amtsstellen.

Eine Ersetzung der gerichtlichen Vernehmung durch die Vernehmung psychologisch geschulter Sachverständiger ist grundsätzlich abzulehnen; wohl aber muß dem Ermessen der Gerichte die Zuziehung von geeigneten Sachverständigen in allen Zweifelsfällen empfehlend anheimgestellt werden.

Von größter Wichtigkeit ist die psychologische Schulung der Polizeibeamten, Staatsanwälte, Vernehmungsrichter, Untersuchungsrichter und Verhandlungsleiter; es wird dabei zunächst eine Heranbildung von Spezialisten nicht zu umgehen sein.

Zur Untersuchung und zum Urteil gegen Personen, die sich an Kindern oder Jugendlichen vergangen haben, ist der Jugendrichter besonders geeignet.

Die Heranziehung von geschulten Organen der Jugendwohlfahrt bei der Ermittlung von Verbrechen, die gegenüber Kindern und Jugendlichen begangen worden sind (insbesondere Sittlichkeitsdelikten und Mißhandlungen), in einem möglichst frühen Stadium des Verfahrens ist wünschenswert, um den Schutz der Minderjährigen gegen fernere Schädigung durch Fürsorgemaßnahmen sicherzustellen und die Beeinflussung der ersten Aussagen im Fortgang des Verfahrens nach Möglichkeit abzuschwächen.

Eine Vereinheitlichung der bisher auf diesem Gebiet erlassenen Verordnungen der Länder ist wünschenswert.

Dr. *Hertz* weist nochmals auf die Vereinigung für Jugendgerichte und Jugendgerichtshilfen hin (Charlottenburg, Hardenbergstr. 19) und bittet die Anwesenden, sich mit Fragen, Anregungen usw. dorthin zu wenden.

Für den nächsten Jugendgerichtstag liegen bereits Einladungen der Städte Wiesbaden und Magdeburg, sowie Breslau vor.

Mit herzlichem Dank an die Referenten sowie die Redner der Aussprache und vor allem an die Stadt Heidelberg schließt der Vorsitzende den 6. Deutschen Jugendgerichtstag.

Druck der Spamerschen Buchdruckerei in Leipzig.

GPSR Compliance

The European Union's (EU) General Product Safety Regulation (GPSR) is a set of rules that requires consumer products to be safe and our obligations to ensure this.

If you have any concerns about our products, you can contact us on ProductSafety@springernature.com

In case Publisher is established outside the EU, the EU authorized representative is:

Springer Nature Customer Service Center GmbH
Europaplatz 3
69115 Heidelberg, Germany

Batch number: 10844655

Printed by Printforce, the Netherlands